JN135957

サルでも1000万円貯まる「つみたてNISA」

はじめに

はじめまして　私の名前は鶴見麻衣子です。

私は子供の頃からずっと運動をしてきていて未だに運動をしない日はありません。一番長く続いたお仕事もアメリカからスポーツジムで全国に展開していくというお手伝いをしていました。毎年表彰があり全国1位を取るなどの実績も頂きましたがお給料が上がるわけではありませんでした。

それでも、スタッフやお客様の笑顔が見える仕事はやりがいがありお給料の金額は気にせずに満足して働いていました。しかし人生が変わってしまう出会いがあり、私はその後会社を辞めるという方向になってしまいました。

13年以上も続けていた仕事を辞めることになる瞬間は、想像もしていないくらいにあっけなくあっという間の流れでした。私はあっという間に失業者になってしまったのです。次の仕事が見つかっていたわけでも次にやりたいことがあったわけでもありませんでした。ただ私が出会ったのは「時間」も「お金」も手に入れて「自由」に生きている人との出会いだっただけです。

そもそもそんなにお金には興味がありませんでした。しかしその人に言われたことは「お金はパワーだよ。元気の秘訣。あったらあっただけ良いしお金がなければ周りの人のことも助けてあげられないでしょう？」という言葉でした。

私は薄っすらと、今の仕事とは別に社会貢献的にカンボジアの子供達を助けてあげられる何かをできたらいいなぁという夢がありました。今のままだとその夢は夢のまま人生が終わってしまうかもと思いました。

そして漠然と私はこのままで良いのかなぁ？　今更転職というのも考えてはいなかったけれどなんとなくどんよりとした気分になっていました。

このままこの仕事を続けてもお給料がドーンと上がる夢も見えないし老後の年金不安と健康不安で未来も見えないなぁ。そんな悶々とした日々を過ごしていました。その後私はお金がなくても資産を作るという方法を学ぶことになったのです。

とにかく運動しかしてきていませんので金融商品のことなんて何も分かりませんでした。

しかしそんな私でもできた…。

『サルでも1000万円貯まる［つみたてＮＩＳＡ］』を出版させていただく運びとなりました。

これもひとえにさわかみ投信株式会社　澤上篤人会長の一言があってです。

「お金のない人が分散投資してどうするの？　お金がないなら一本でしょう」

私の人生を変えた一言であり、真面目に、勉強してみる価値があると思えた瞬間でした。

失業中だったからこそ執筆に専念できたということもあり私も死なずに済みました。今回このような貴重な機会を与えてくださったぱる出版はじめ、編集に携わって頂いた表社長、千葉さん、他、スタッフの皆様に、心より感謝申し上げます。

そして今回この「はじめに」をお読みくださっているあなた。文章が読みにくい理解しにくい箇所があるかもしれませんが全体としては少しでもあなたのお役に立ちますように私の経験を丁寧に書き綴っていきたいと思います。最後までどうぞ宜しくお願い致します。

あなたの明るい未来を心よりお祈り申し上げます。

鶴見麻衣子

サルでも1,000万円貯まる【つみたてNISA】

【第2章】つみたてNISAに興味を持って

【第3章】つみたてNISAの宝探し大冒険のはじまり

企画編集　有限会社デュマデジタル
デザイン　千葉 秀範
制作進行　表　敏
編集協力　日本投資機構株式会社

第１章

サルでもわかる つみたてNISA

❶・そもそもつみたてNISAって何？

こんにちは　そもそも、私はつみたてNISAとは一体何なのか？　さっぱり分からない日々を過ごしていました。気にも止めない。言葉が目にも入ってこない。私の日々の生活の中には存在していない言葉でした。だから知らないまま36年間を過ごしてきているのですが読者のあなたにはまず初めてにその「つみたてNISA」とは何か？　という概要だけは私なりの言葉でお伝えしておきます。

つみたてNISAとは…　私のようにお金がない人で

⬇少額から

⬇長期間

⬇積立する

金融商品です。

2018年1月から非課税制度で優遇されたものです。

貯金なの？　何なの？

それは私も良く分からない感じでしたが『私にもできるのかな？』という程度の認識だったのです。


その金融商品の名前が『ＥＴＦ』というので私には本当にさっぱり分かりませんでした。それを日本語にしたところで『株式投資信託』とか『上場株式投資信託』など…。

仕組みは分からないということです。でも非課税期間が最長20年間で２０１８年〜２０３７年まで、毎年40万円までお分配金に税金がかからないというのでなんだか優遇されているんだなということだけは理解しました。


つみたてＮＩＳＡでは毎年40万円が上限となっていて分配金以外でも値上がりした後に売却して得た利益（譲渡益）も購入した年から数えて20年間は課税されません。非課税で保有できる投資総額は最大８００万円となります。

私はつみたてＮＩＳＡの非課税投資枠の取り扱い方を読んでも最初一度では意味か分かりませんでした。

■非課税投資枠の取り扱い

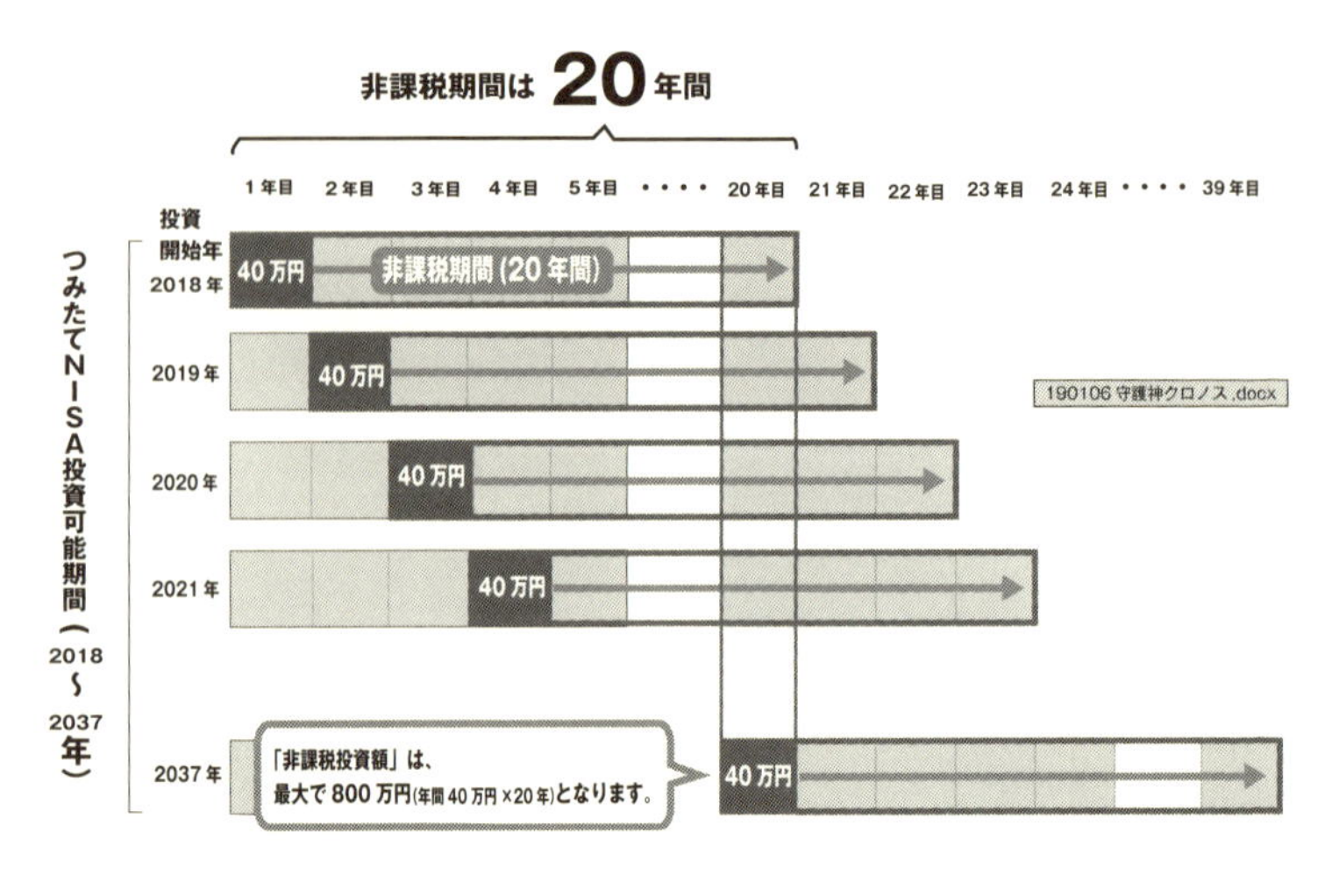

分配金はなんとなく分かります。もらえるお金だよね？　売却は？　売ることだよね？　つみたてＮＩＳＡって売ることができるの？　これは貯金とは違うな？。

そうか株を買ったら、株を売ったりするからそれと同じようにつみたてＮＩＳＡは買ったり売ったりできるのかな？　それで売った時に、買った時よりも高く売れたらその分の配当がまたあるということよね？

自分なりに理解するのに必死でした。

非課税で保有できる総額が８００万円？　何のこっちゃ？　もうこの変になると頭がパンクしそうなレベルでした。でも、表を見てみると、40万円×20年間＝８００万円と書かれていました。

毎年40万円分のＥＴＦを買って20年間所有できるということで８００万円までは非課税ということね？　でももしも21年目になったらどうするんだろう？

下がっていたら売却もしないだろうし…。

するとつみたてＮＩＳＡとつみたてではない非課税にはならない「ＮＩＳＡ」があることを知りました。つみたてもあるけれどつみたてしなくても良いＮＩＳＡがあるのには驚きでした。

つみたてＮＩＳＡの前にＮＩＳＡについて学ぶ必要があるのかな？

もう今日はおしまい。寝よう。今日はキャパオーバーでした。

②・NISAとは？

私がNISAについて知ったのは投資に興味を持ってから随分後のことですが回り道をしながら最後にたどりついた『つみたてNISA』で1,000万円の資産を作れましたので読者のあなたにはまず本題から学べるというメリットです。これは私のように通り道しなくて良いからです。

だけど私が間違えた情報をお伝えしてしまうとご迷惑をおかけしてしまうことになってしまうのでまずは金融庁の発表している情報をお伝えして私なりの解釈でフォローさせて頂きます。

■NISAとは

通常、株式や投資信託などの金融商品に投資をした場合、これらを売却して得た利益や受け取った配当に対して約20%の税金がかかります。

NISAは、「NISA口座（非課税口座）」内で、毎年一定金額の範囲内で購入したこれらの金融商品から得られる利益が非課税になる、つまり、税金がかからなくなる制度です。

イギリスのＩＳＡ（Individual Savings Account＝個人貯蓄口座）をモデルにした日本版ＩＳＡとして、ＮＩＳＡ（ニーサ・Nippon Individual Savings Account）という愛称がついています。


ここで初めてＮＩＳＡの意味を知りました。なんと日本のＮだったとは。

そして個人貯蓄口座というなんとなく嬉しい響きの英語の頭文字を取ったものだったんですね？

つみたてではない普通のＮＩＳＡでも非課税枠があるということですね。

これはつみたてＮＩＳＡと同じ金額枠なんだろうか？

NISA

NISAとは、2014年1月にスタートした、個人投資家のための税制優遇制度です。NISAでは毎年120万円の非課税投資枠が設定され、株式・投資信託等の配当・譲渡益等が非課税対象となります。

つみたてNISA

つみたてNISAとは、特に少額からの長期・積立・分散投資を支援するための非課税制度です（2018年１月からスタート）。購入できる金額は年間40万円まで、購入方法は累積投資契約に基づく買付けに限られており、非課税期間は20年間であるほか、購入可能な商品は、長期・積立・分散投資に適した一定の投資信託に限られています。

■非課税投資枠の取り扱い

NＩＳＡとは、２０１４年１月にスタートした、個人投資家のための税制優遇制度です。ＮＩＳＡでは毎年１２０万円の非課税投資枠が設定され、株式・投資信託等の配当・譲渡益等が非課税対象となります。

なんと普通のＮＩＳＡの方が、非課税枠が多いではないですか？

つみたてＮＩＳＡだったら毎年40万円のところ普通のＮＩＳＡだったら１２０万円です。

それならどうして普通のＮＩＳＡで資産を作ろうとしないで積立ＮＩＳＡを選んだの？　と疑問に思われると思います。

非課税期間の違いです。

ＮＩＳＡは非課税期間がたった5年だったんです。１２０万円×5年＝６００万円

でも、つみたてＮＩＳＡだったら20年間でしたよね？

40万円×20年＝８００万円

非課税枠の総額が違ったのです。

そしてもう1つ。

年間に120万円って…。毎月10万円ですよ？　考えてもみてください。

一括払いするにせよ私、OL…　いや既に失業中…。そんな毎月10万円を貯蓄できる余裕はないです。そうなればつみたてNISAの方、33,333円ずつの積立です。

なんとかなるかな？　いやなんとかしなければ！　頑張ってみよう。と思える金額でした。

少しだけＮＩＳＡのことが分かってきましたか？　日本人向けの税金が非課税になる優遇されたら個人貯蓄口座のこと…　となるのでしょうか？　後半でもっと詳しくご説明していくのでご安心ください。

❸・株をやろうかな？　挫折

この章では、私がつみたてＮＩＳＡにたどり着く前の失敗談についてお話させて頂きます。

まえがきで少し綴らせていただいたのですが私はお金も時間も自由にしている女性に出会い人生が変わってしまいました。これは人のせいにしているわけではなくて元来の自分が自由を求めていることに気がつかせてもらったと言った方が正しいかもしれません。

「どうしたら、そうなれるんですか？」と質問したら教えてもらえた答えがこれでした。

「仕組みを作るか？　組織を作るか？　お金や資産にお金を作ってもらうしかない」言っ

ていることは分かるような？　分からないような…。

「仕組みを作るか？」　どうやって？

「組織を作るか？」　どうやって？

「お金や資産にお金を作ってもらうか？」　どうやって？

なんとなく言いたいことは分かったのだけれど、具体的に何をどう行動すれば良いのか？は分かりませんでした。でもなんだかそれを全部聞くと、頭の中がキャパオーバーになりそうだったので、深く質問をすることなく私は1つだけ質問をしました。

「どれをやっているんですか？」

すると帰ってきた答えは…

「全部やってるよぉ」

え？　全部？　正直どれか1つで良いのかと思ったので全部という答えは想定外で度肝を抜いてしまいました。私がたじろいだ顔をしていると…。

「いつ何が弾けるか？　壊れるか？　分からないから、分散投資が必要と言われてね。だから若いうちに全部やって学んでおいたほうが良いと思うよ」とアドバイスされたんです。分散投資かぁ…。凄い人がいるもんだ。私の知らない世界にいるだけでなく全てをやっているなんて…。そうかぁ、分散投資家かぁ…。

一体私に何ができるというのだろうか？　何も勉強してきていないので、何も分からないのでした。

そんなある日、飲み会の席で株のトレードで生きているという人に出会いました。私は興味深々で興奮を抑えるのが精一杯でした。その人から教わったことは100万円からスタートして今は5、000万円くらいになっているけれどそのうちの1、000万円くらいを月利6％くらいで回すという安定スタイルにしているという話でした。

1、000万円の月利6％と言えば毎月60万円ですからそれで十分に生活はできていると言っていました。当然です。私の前職の給与より多いんですから…。私はその人に触発されて「よぉし！　私の人生も株でいくぞ！。」と気合を入れて翌日本屋に行って株の解説本を買ったのでした。

知識はゼロですからその本に書かれた内容は30％くらいしか理解できませんでした。だけど最終的には自分自身で決めて何かはしないといけません。そして四季報というものを知り翌日には四季報を購入しました。これが正しかったのか？　間違えていたのか？初心者の私にとってどの会社を選んだら良いのか？　さっぱり分からなくなりました。

結局は有名なところ？　それとも自分が応援したい会社？　配当のようなクーポンとかチケットをもらえる会社？　孫さんとか三木谷社長のような応援したい社長の会社？いやいや今買って今後株の価値が上がる会社を選ぶべきなんだよね？
う〜む。また、頭がキャパオーバーになってしまいました。そういう時はいつも寝ます。

明日になれば良い会社がひらめくかもしれない？　それともやっぱりこういうものはプロの道の人に任せるべきなのかな？。翌日私は目を覚まし映画を見たくなりました。映画と言えば「東映」。
そうか東映の株を買おう。そんな朝のひらめき直感で早速東映のチャートを開いていました。２０１８年の３月から５月の間、東映の株は上がっていました。
１２、０００円で１００株　１２０万円が必要でした。退職する時に手元にあったのは３６０万円くらいです。そのうちの三分の一を投資金に使うのは、多すぎる？　10％くらいにしろというわけだから、１、０００万円くらいの貯金が本来は必要なのかな？　でも、ものは試しでとにかくやってみるしかない！

私は勇気だけはあったのでした。しかし同時にとてもとても失敗を恐れていたため、どうしても１００万円を切るような負けはしたくなくて気持ちは20万円の投資でした。そして今東映の株のチャートを見て、驚いたのですが下がった時に、売っていなければ上がっていたみたいです。１４、０００円にまで上っています。そうしたら１４０万円になりますから、20万円勝っていたのですね。

しかし私が買った時は、５月で、７月までの２ヶ月間あれよあれよという間にどんどん株

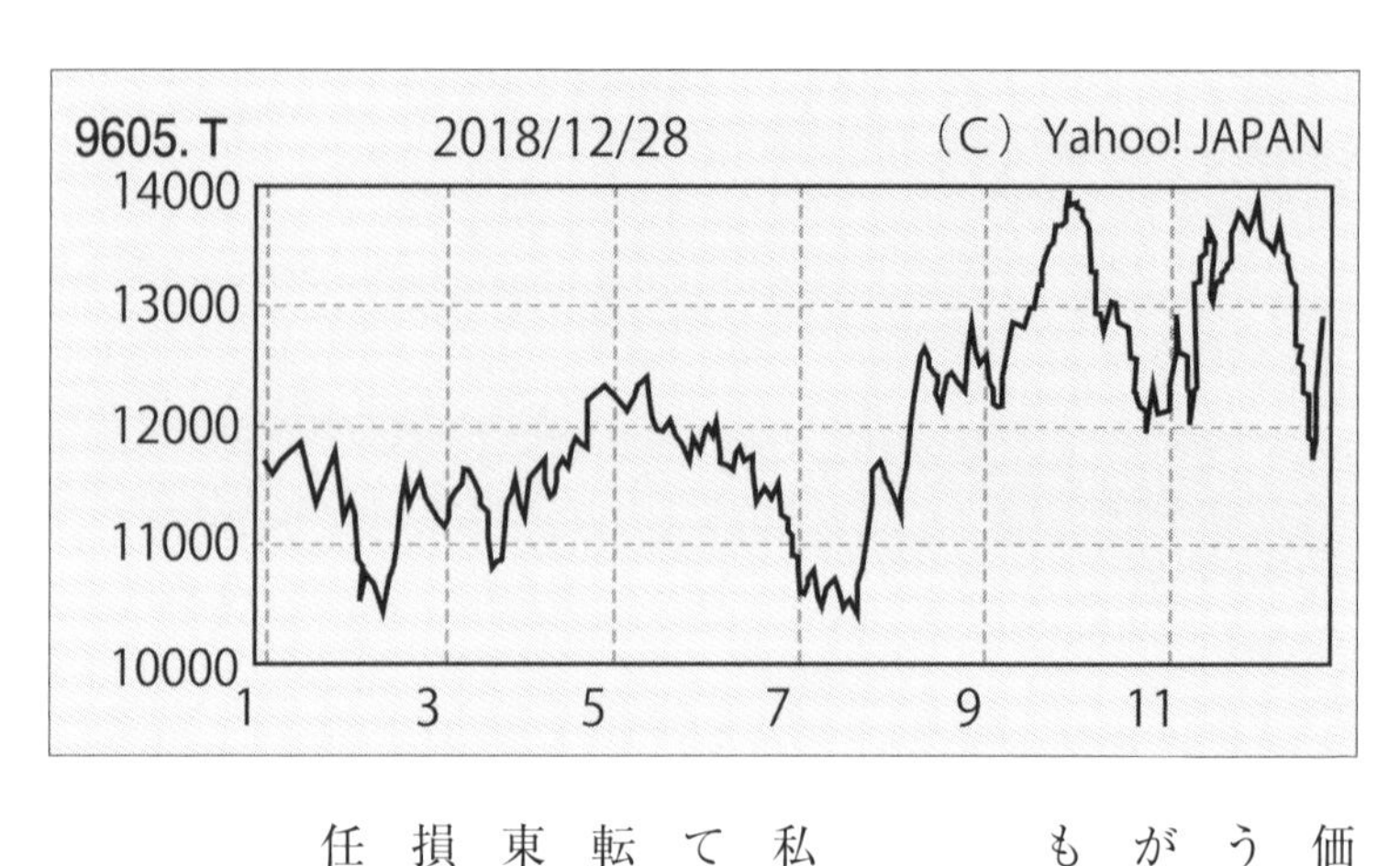

価は下がっていったのです。初心者ですからその後このように上がるなんて想像もつきません。どんどん、株価が下がっている日々を私はドキドキ・ハラハラしながらまるでもう一貫の終わりか！

というような気分とストレスでした。

そして10、600円まで下がった時「もぅ、ダメだ。私の100万円がなくなってしまう。これから、生活だってしなければいけないのだしこんな株なんてやってないで転職活動でもしなければいけなかった。」と猛反省をして東映の株を売ってしまいました。106万円。約15万円の損失です。一回限りの高い勉強代でした。こうしてプロに任せれば良かった… という反省の結果株は止めました。

❹・銀行の人につみたてNISAをすすめられて…

結局、投資なんてお金持ちだけが勝つ世界なんだ。そんなこと知っていたのにどうして手なんて出してしまったんだろう？「まぁ、いっか。」15万円くらいしか損していないし、世の中には株で大損をしてクビを吊った人の話だってあるくらいだからそれよりは全然まし。自分をなぐさめながら励ましていました。

勉強してきていないんだもの。でも株って学校でも習えないしプロ達はどこで勉強しているんだろう？　D証券に就職した友達は株のこと何も知らずに就職していたけれど会社に入ってから勉強できるものなのかな？　やっぱり、勉強をしても、実際に株を買ってみるのでは違うよね？

「あ〜。」色々な経験は積むことができて今回の私のようにすぐに売ってしまったりはしないんだろうな。それでも2カ月間耐えたつもりだけど3カ月間耐えていや4カ月間耐えられたらプラスになってたんだよなぁ。仕方がない。それからしばらくその傷心を癒すためか？

生ける屍のようになっていました。朝も起きられず就職活動の気分でもありません。13年間働き続けたので少しだけの休暇をもらってもいいのではないか？　自分の人生を見直したいと思っていました。

すっかり、株のことを忘れて生活していたある日初めての失業保険の振込日となりました。銀行に行って、入金を確かめようと午前中から銀行に行きました。そうしたら銀行の人にアンケートに協力して欲しいと声をかけられてお金はないけれど時間はあったので心良くアンケートに協力するといきなり金融商品のオススメをされました。

それが初めてのＮＩＳＡとの出会いでした。正直株で負けたばかりなので説明は一切頭に入ってきませんでした。すっかり忘れていたのにまた自分の失態を思い出すことになりどよんと悲しい気分になってしまいました。銀行にＮＩＳＡの話を聞きに行ったわけではないのにずっとその銀行の関連商品の説明へと突入しその行員さんがまるで人の心や感情の読めないロボットのように感じてきました。

ロボット…　生きる屍の私。どちらも似たようなものなのか？　このロボット行員さんの方が生き生きとしているかもしれない。私はますます気を落として下を向いてとぼとぼと家路に向かうのでした。生きるって何だろう？　自分の人生を見つめ直したかったからこそ他の人からしたらくだらない…？　ことを考えてしまっていたのか？

両親にはまだ会社を辞めたことを言えてなくて言ってしまったらそんなことよりもとっとと就職活動をしろ！　っと一喝されてしまうだけだろうからこの答えが出るまではもうしばらく自分と向き合う時間をもらおう。無意識レベルで考えていたのかもしれません。

現実の自分は、空っぽでしたが…。

5・本当に良く分からないけれど

ぶっちゃけ私は暇だったのです。何もやることはなくやりたいことも分からなくなってていてやりたかったことは、時間もお金も必要で…。とにかくこのままではマズイということくらいは分かっていたのですがだからと言って何をしたら正解なのか？　が全く分からないまま時が過ぎていきました。

日課としては11時〜11時30分くらいに目を覚まし…　数少ないＳＮＳのやり取りを終えると洗濯掃除とにかく体を動かして目を覚まそうというのが日課です。あっという間にお昼の時間になりますので朝ごはんのような感覚でたっぷりランチを食べます。

料理は結構好きなので自分で作りますしジムで働いていたくらいなので食材選びはヘルシーなものになります。量は多いと言っても、タンパク質メインです。

本当に目が覚めると体を動かしたくなりますのでジムに行きます。ジムでのワークアウトは2時間くらい。家からの往復を考えると3時間はかかります。

帰り道にふらふらとウィンドウショッピングをしたり夕食の買い物を済ませるとすっかり夕方です。

あっという間に1日が終わります。


ちなみに私は読書が好きです。本があればいくらでも時間を潰してしまうことができます。1人の時間も苦ではなくて自分のマイペースに生活ができるのでとても楽です。かと言って人に会うのがイヤということもありません。お酒も好きなのでOLの友達と約束をすれば彼女達の仕事が終わった時間から私は一度家に帰って少ししたら待ち合わせの場所に集合して楽しい時間のひとときを過ごせます。

年齢も年齢なのでみんなお偉いさんになっていたりして、集合時間も18時とか18時30分ではなくて19時30分とか20時くらいになっていました。

それまで暇つぶしに靴を磨いたり、雑誌を読んだり、断捨離をしたりなどをしているとあっという間の1、2時間です。


女子が集えばお金の話や仕事の話なんてほぼ皆無です。だから友達と一緒にいるのは本当に気が楽になります。話の中心はほぼ恋愛の話、結婚の話、早く会社を辞めたいというような話人間関係や家族関係の悩み相談です。

そして、もう1つが美容です。ダイエットは、女性の永遠の憧れです。

私は失業中ではあるものの早く会社を辞めたという彼女達にとっては羨ましい立場という扱いになります。だから私も家族といると、今がいけないことのように感じるのですが友達といるとこの時間を大切にしようと思い直せるので、友達の存在に本当に感謝でした。

そして私の体は引き締まっていて羨ましいから「ダイエットの方法を教えて！」と必ず言ってもらえることなのです。その時アイスクリームを食べながら言われたりするので本当に、ただただ苦笑いするのみですが教えることがあるというのは、今までの人生を肯定された気がして唯一の慰めとなりました。少なくとも教師の免許も持っている私としては教えることが上手とも言ってもらえるのでこれが適職になっていくのかなと自分探しの旅を続けていました。

人は元気になるとやる気が出るもので不思議です。

友達と会って賑やかしく楽しいひとときを終えた翌日はなんと、急にロボットさんが教えてくれたＮＩＳＡって何だろう？　とふと調べる気になったのです。全く頭に入ってこなかった説明も自分から情報をとろうとした時には吸収力が違います。

私が調べて感じたことはつみたてＮＩＳＡの場合品ぞろえを踏まえるとネット証券が一番良いという印象を受けました。先日の銀行は手数料が絡むので特につみたてＮＩＳＡの場合の口座作成は、やらなくて良かった！　という見解です。あの人がロボットで良かったな。あの時あの人がロボットではなくてきちんと私と向き合って私の話も聞いてくれる人だったらその場で口座開設してしまっていたかもしれないからです。

この時初めて知ったのですがＮＩＳＡってＮＩＳＡとして扱うことができるたくさんの金融商品から選んで投資するスタイルだったんです。また株があったら株の中にそれぞれの会社という銘柄があってどの会社の株を選ぶのか？　というのに似ています。

どんなに利益が非課税になるとは言っても自分が選んだ銘柄のＮＩＳＡが利益を出さないこともあるということです。また負ける日が来るのか？　もう負けるのだけやイヤだ。確かに大前提として金融庁がある程度のルールで規制して個人が自分で資産を作れるようになるための応援とも言えますし、巷の詐欺ファンドのような酷い会社やギャンブルのような会社も選ばれませんから…。

きちんと評価されているファンドの中からだけ選べば良いという意味では安全です。

果たして自分にその商品を選べる能力があるのか？　は分かりません。おそらくないでしょう。全く自信がありません。ＮＩＳＡもつみたてＮＩＳＡも興味はあるけれど負けるのがイヤなのですぐに手を出したり、勘に頼るのだけは止めよう。

その道のプロにはどこで会えるんだろう？

株はダメだったから、ＮＩＳＡもなんだかなぁ？

親に頼んで不動産投資というのはどうなんだろう？

ホリエモンは３００万円で事業を買えって言っているけれど、不動産よりも事業買収の方が良いのかなぁ？

正解が分からない迷宮入りに突入してきたので、その日もキャパオーバーで寝ることにしました。

第2章

つみたてNISAに興味を持って

❶・勉強したくない　騙されたくない

不動産のことを親に相談する前に親から不動産の相談をされました。

「おばあちゃんの家どうしようかねぇ？　我が家も建て直ししなくちゃ。

リゾート地の別荘も売れないわねぇ。この家を売ってマンションに引っ越そうかしら？」

不動産投資の話なんてもちかけても絶対に反対されそうな雰囲気です。

そうだこれからの日本は人口が減るんだったそれでは賃貸の需要が減って家賃を下げても住みたい人が見つからず空き家が増えて不動産の価値は低下して私また負けるところだった。


勉強になりました。


勉強したくないけれどちょっとＮＩＳＡの金融商品だけは見ておこうかな？

株の時は株式市場に約３、６００社もの会社が上場していたから、本当に選ぶのも大変だったけれどＮＩＳＡはその十分の一くらいだった気がする。

きちんと調べてみよう。


国内と海外と内外って何だろう？

内外が一番多いけれど、資産複合型って何だろう？

株式型？　もぅ株という字も見たくないけれどＮＩＳＡの中には更に株のようなものがあるのかな？

ＥＴＦ：何だっけ？　信託だったかな？

そもそもその信託の意味も良く分かっていないままだったなぁ。でも、勉強したくないな。今日はこれだけで、キャパオーバーになりそうだからこの１６２本もあるということを知っただけでも前進したと思おう。


つみたてNISA対象商品届出一覧（運用会社別）

公募投信	国内	内外	海外
株式型	38 本	8 本	38 本
資産複合型	4 本	70 本	1 本
ETF	3 本	ー	ー

つみたてNISA対象商品届出一覧《運用会社別》

■指定インデックス投資信託：142本

平成30年10月31日 金融庁

ファンド名称（※1）	運用会社
JP4資産均等バランス	JP投信㈱
auスマート・ベーシック（安定）	KDDIアセットマネジメント㈱
auスマート・ベーシック（安定成長）	KDDIアセットマネジメント㈱
SBI・全世界株式インデックス・ファンド	SBIアセットマネジメント㈱
SBI・新興国株式インデックス・ファンド	SBIアセットマネジメント㈱
SBI・先進国株式インデックス・ファンド	SBIアセットマネジメント㈱
朝日ライフ 日経平均ファンド	朝日ライフ アセットマネジメント㈱
たわらノーロード TOPIX	アセットマネジメントOne㈱
たわらノーロード 最適化バランス（安定型）	アセットマネジメントOne㈱
たわらノーロード 最適化バランス（安定成長型）	アセットマネジメントOne㈱
たわらノーロード 最適化バランス（成長型）	アセットマネジメントOne㈱
たわらノーロード 最適化バランス（積極型）	アセットマネジメントOne㈱
たわらノーロード 最適化バランス（保守型）	アセットマネジメントOne㈱
たわらノーロード 新興国株式	アセットマネジメントOne㈱
たわらノーロード 先進国株式	アセットマネジメントOne㈱
たわらノーロード 先進国株式〈為替ヘッジあり〉	アセットマネジメントOne㈱
たわらノーロード 日経225	アセットマネジメントOne㈱
たわらノーロード バランス（8資産均等型）	アセットマネジメントOne㈱
たわらノーロード バランス（堅実型）	アセットマネジメントOne㈱
たわらノーロード バランス（積極型）	アセットマネジメントOne㈱
たわらノーロード バランス（標準型）	アセットマネジメントOne㈱
日本株式・Jリートバランスファンド	岡三アセットマネジメント㈱
しんきんノーロード日経225	しんきんアセットマネジメント投信㈱
全世界株式インデックス・ファンド	ステート・ストリート・グローバル・アドバイザーズ㈱
米国株式インデックス・ファンド	ステート・ストリート・グローバル・アドバイザーズ㈱
iFree 8資産バランス	大和証券投資信託委託㈱
iFree JPX日経400インデックス	大和証券投資信託委託㈱
iFree S&P500インデックス	大和証券投資信託委託㈱
iFree TOPIXインデックス	大和証券投資信託委託㈱
iFree 外国株式インデックス（為替ヘッジあり）	大和証券投資信託委託㈱
iFree 外国株式インデックス（為替ヘッジなし）	大和証券投資信託委託㈱
iFree 新興国株式インデックス	大和証券投資信託委託㈱
iFree 日経225インデックス	大和証券投資信託委託㈱
ダイワ・ライフ・バランス30	大和証券投資信託委託㈱
ダイワ・ライフ・バランス50	大和証券投資信託委託㈱
ダイワ・ライフ・バランス70	大和証券投資信託委託㈱
ドイチェ・ETFバランス・ファンド	ドイチェ・アセット・マネジメント㈱
東京海上・円資産インデックスバランスファンド	東京海上アセットマネジメント㈱
〈購入・換金手数料なし〉ニッセイ・インデックスバランスファンド（4資産均等型）	ニッセイアセットマネジメント㈱
〈購入・換金手数料なし〉ニッセイ・インデックスバランスファンド（6資産均等型）	ニッセイアセットマネジメント㈱
〈購入・換金手数料なし〉ニッセイJPX日経400インデックスファンド	ニッセイアセットマネジメント㈱

ファンド名称（※1）	運用会社
〈購入・換金手数料なし〉ニッセイTOPIXインデックスファンド	ニッセイアセットマネジメント㈱
〈購入・換金手数料なし〉ニッセイ外国株式インデックスファンド	ニッセイアセットマネジメント㈱
〈購入・換金手数料なし〉ニッセイ新興国株式インデックスファンド	ニッセイアセットマネジメント㈱
〈購入・換金手数料なし〉ニッセイ日経平均インデックスファンド	ニッセイアセットマネジメント㈱
DCニッセイワールドセレクトファンド（安定型）	ニッセイアセットマネジメント㈱
DCニッセイワールドセレクトファンド（株式重視型）	ニッセイアセットマネジメント㈱
DCニッセイワールドセレクトファンド（債券重視型）	ニッセイアセットマネジメント㈱
DCニッセイワールドセレクトファンド（標準型）	ニッセイアセットマネジメント㈱
ニッセイ・インデックスパッケージ（国内・株式／リート／債券）	ニッセイアセットマネジメント㈱
ニッセイ・インデックスパッケージ（内外・株式）	ニッセイアセットマネジメント㈱
ニッセイ・インデックスパッケージ（内外・株式／リート）	ニッセイアセットマネジメント㈱
ニッセイ・インデックスパッケージ（内外・株式／リート／債券）	ニッセイアセットマネジメント㈱
ニッセイTOPIXオープン	ニッセイアセットマネジメント㈱
ニッセイ日経225インデックスファンド	ニッセイアセットマネジメント㈱
農林中金〈パートナーズ〉つみたてNISA日本株式 日経225	農林中金全共連アセットマネジメント㈱
農林中金〈パートナーズ〉つみたてNISA米国株式 S&P500	農林中金全共連アセットマネジメント㈱
世界6資産分散ファンド	野村アセットマネジメント㈱
野村6資産均等バランス	野村アセットマネジメント㈱
野村インデックスファンド・JPX日経400	野村アセットマネジメント㈱
野村インデックスファンド・TOPIX	野村アセットマネジメント㈱
野村インデックスファンド・海外5資産バランス	野村アセットマネジメント㈱
野村インデックスファンド・外国株式	野村アセットマネジメント㈱
野村インデックスファンド・外国株式・為替ヘッジ型	野村アセットマネジメント㈱
野村インデックスファンド・新興国株	式野村アセットマネジメント㈱
野村インデックスファンド・内外7資産バランス・為替ヘッジ型	野村アセットマネジメント㈱
野村インデックスファンド・日経225	野村アセットマネジメント㈱
野村つみたて外国株投信	野村アセットマネジメント㈱
野村つみたて日本株投信	野村アセットマネジメント㈱
フィデリティ・ターゲット・デート・ファンド（ベーシック）2040	フィデリティ投信㈱
フィデリティ・ターゲット・デート・ファンド（ベーシック）2050	フィデリティ投信㈱
フィデリティ・ターゲット・デート・ファンド（ベーシック）2060	フィデリティ投信㈱
ブラックロック・つみたて・グローバルバランスファンド	ブラックロック・ジャパン㈱
外国株式指数ファンド	三井住友アセットマネジメント㈱
三井住友・DC新興国株式インデックスファンド	三井住友アセットマネジメント㈱
三井住友・DCターゲットイヤーファンド2040（4資産タイプ）	三井住友アセットマネジメント㈱
三井住友・DCターゲットイヤーファンド2040（4資産タイプ）	三井住友アセットマネジメント㈱
三井住友・DCつみたてNISA・世界分散ファンド	三井住友アセットマネジメント㈱
三井住友・DCつみたてNISA・全海外株インデックスファンド	三井住友アセットマネジメント㈱
三井住友・DCつみたてNISA・日本株インデックスファンド	三井住友アセットマネジメント㈱
三井住友・DC年金バランス30（債券重点型）	三井住友アセットマネジメント㈱
三井住友・DC年金バランス50（標準型）	三井住友アセットマネジメント㈱

ファンド名称（※1）	運用会社
三井住友・DC年金バランス70（株式重点型）	三井住友アセットマネジメント㈱
i-SMT TOPIXインデックス（ノーロード）	三井住友トラスト・アセットマネジメント㈱
i-SMT グローバル株式インデックス（ノーロード）	三井住友トラスト・アセットマネジメント㈱
i-SMT 新興国株式インデックス（ノーロード）	三井住友トラスト・アセットマネジメント㈱
i-SMT 日経225インデックス（ノーロード）	三井住友トラスト・アセットマネジメント㈱
SBI資産設計オープン（つみたてNISA対応型）	三井住友トラスト・アセットマネジメント㈱
SMT 8資産インデックスバランス・オープン	三井住友トラスト・アセットマネジメント㈱
SMT JPX日経インデックス400・オープン	三井住友トラスト・アセットマネジメント㈱
SMT TOPIXインデックス・オープン	三井住友トラスト・アセットマネジメント㈱
SMT グローバル株式インデックス・オープン	三井住友トラスト・アセットマネジメント㈱
SMT 新興国株式インデックス・オープン	三井住友トラスト・アセットマネジメント㈱
SMT 世界経済インデックス・オープン	三井住友トラスト・アセットマネジメント㈱
SMT 世界経済インデックス・オープン（株式シフト型）	三井住友トラスト・アセットマネジメント㈱
SMT 世界経済インデックス・オープン（債券シフト型）	三井住友トラスト・アセットマネジメント㈱
SMT 日経225インデックス・オープン	三井住友トラスト・アセットマネジメント㈱
eMAXIS JPX日経400インデックス	三菱UFJ国際投信㈱
eMAXIS Slim 国内株式（TOPIX）	三菱UFJ国際投信㈱
eMAXIS Slim 国内株式（日経平均）	三菱UFJ国際投信㈱
eMAXIS Slim 新興国株式インデックス	三菱UFJ国際投信㈱
eMAXIS Slim 先進国株式インデックス	三菱UFJ国際投信㈱
eMAXIS Slim 全世界株式（3地域均等型）	三菱UFJ国際投信㈱
eMAXIS Slim 全世界株式（除く日本）	三菱UFJ国際投信㈱
eMAXIS Slim 全世界株式（オール・カントリー）（※2）	三菱UFJ国際投信㈱
eMAXIS Slim バランス（8資産均等型）	三菱UFJ国際投信㈱
eMAXIS Slim 米国株式（S&P500）	三菱UFJ国際投信㈱
eMAXIS TOPIXインデックス	三菱UFJ国際投信㈱
eMAXIS 最適化バランス（マイ ゴールキーパー）	三菱UFJ国際投信㈱
eMAXIS 最適化バランス（マイ ストライカー）	三菱UFJ国際投信㈱
eMAXIS 最適化バランス（マイ ディフェンダー）	三菱UFJ国際投信㈱
eMAXIS 最適化バランス（マイ フォワード）	三菱UFJ国際投信㈱
eMAXIS 最適化バランス（マイ ミッドフィルダー）	三菱UFJ国際投信㈱
eMAXIS 新興国株式インデックス	三菱UFJ国際投信㈱
eMAXIS 先進国株式インデックス	三菱UFJ国際投信㈱
eMAXIS 全世界株式インデックス	三菱UFJ国際投信㈱
eMAXIS 日経225インデックス	三菱UFJ国際投信㈱
eMAXIS バランス（4資産均等型）	三菱UFJ国際投信㈱
eMAXIS バランス（8資産均等型）	三菱UFJ国際投信㈱
eMAXIS マイマネージャー 1970s	三菱UFJ国際投信㈱
eMAXIS マイマネージャー 1980s	三菱UFJ国際投信㈱
eMAXIS マイマネージャー 1990s	三菱UFJ国際投信㈱
つみたて4資産均等バランス	三菱UFJ国際投信㈱
つみたて8資産均等バランス	三菱UFJ国際投信㈱
つみたて新興国株式	三菱UFJ国際投信㈱
つみたて先進国株式	三菱UFJ国際投信㈱
つみたて先進国株式（為替ヘッジあり）	三菱UFJ国際投信㈱
つみたて日本株式（TOPIX）	三菱UFJ国際投信㈱
つみたて日本株式（日経平均）	三菱UFJ国際投信㈱
楽天・インデックス・バランス・ファンド（株式重視型）	楽天投信投資顧問㈱

ファンド名称（※1）	運用会社
楽天・インデックス・バランス・ファンド（均等型）	楽天投信投資顧問㈱
楽天・インデックス・バランス・ファンド（債券重視型）	楽天投信投資顧問㈱
楽天・全世界株式インデックス・ファンド	楽天投信投資顧問㈱
楽天・全米株式インデックス・ファンド	楽天投信投資顧問㈱
Smart-i　8資産バランス　安定型	りそなアセットマネジメント㈱
Smart-i　8資産バランス　安定成長型	りそなアセットマネジメント㈱
Smart-i　8資産バランス　成長型	りそなアセットマネジメント㈱
Smart-i TOPIXインデックス	りそなアセットマネジメント㈱
Smart-i 新興国株式インデックス	りそなアセットマネジメント㈱
Smart-i 先進国株式インデックス	りそなアセットマネジメント㈱
Smart-i 日経225インデックス	りそなアセットマネジメント㈱
つみたてバランスファンド	りそなアセットマネジメント㈱

（※1）ファンド名称は、運用会社の五十音順で表示している。

（※2）10月31日、「eMAXIS Slim 全世界株式（オール・カントリー）」を追加。

■指定インデックス投資信託以外の投資信託（アクティブ運用投資信託等）：17本

ファンド名称（※1）	運用会社
EXE-i　グローバル中小型株式ファンド	SBIアセットマネジメント㈱
結い 2101	鎌倉投信㈱
コモンズ30ファンド	コモンズ投信㈱
セゾン・バンガード・グローバルバランスファンド	セゾン投信㈱
セゾン資産形成の達人ファンド	セゾン投信㈱
ハッピーエイジング20	損保ジャパン日本興亜アセットマネジメント㈱
ハッピーエイジング30	損保ジャパン日本興亜アセットマネジメント㈱
ハッピーエイジング40	損保ジャパン日本興亜アセットマネジメント㈱
大和住銀DC国内株式ファンド	大和住銀投信投資顧問㈱
年金積立　Jグロース	日興アセットマネジメント㈱
ニッセイ日本株ファンド	ニッセイアセットマネジメント㈱
のむラップ・ファンド（積極型）	野村アセットマネジメント㈱
フィデリティ・欧州株・ファンド	フィデリティ投信㈱
フィデリティ・米国優良株・ファンド	フィデリティ投信㈱
世界経済インデックスファンド	三井住友トラスト・アセットマネジメント㈱
ひふみ投信	レオス・キャピタルワークス㈱
ひふみプラス	レオス・キャピタルワークス㈱

（※1）ファンド名称は、運用会社の五十音順で表示している。

■上場株式投資信託（ETF）：3本

ファンド名称（※1）	運用会社
ダイワ上場投信－JPX日経400	大和証券投資信託委託㈱
ダイワ上場投信－トピックス	大和証券投資信託委託㈱
ダイワ上場投信－日経225	大和証券投資信託委託㈱

（※1）ファンド名称は、運用会社の五十音順で表示している。

平成30年10月31日 金融庁

	運用会社
	アセットマネジメントOne㈱
	大和証券投資信託委託㈱
	ニッセイアセットマネジメント㈱
	ニッセイアセットマネジメント㈱
	野村アセットマネジメント㈱
	三井住友アセットマネジメント㈱
	三井住友トラスト・アセットマネジメント㈱
	三井住友トラスト・アセットマネジメント㈱
	三菱UFJ国際投信㈱
	三菱UFJ国際投信㈱
	三菱UFJ国際投信㈱
	りそなアセットマネジメント㈱
	朝日ライフ アセットマネジメント㈱
	アセットマネジメントOne㈱
	しんきんアセットマネジメント投信㈱
	大和証券投資信託委託㈱
	ニッセイアセットマネジメント㈱
	ニッセイアセットマネジメント㈱
	農林中金全共連アセットマネジメント㈱
	野村アセットマネジメント㈱
	野村アセットマネジメント㈱
	三井住友トラスト・アセットマネジメント㈱
	三井住友トラスト・アセットマネジメント㈱
	三菱UFJ国際投信㈱
	三菱UFJ国際投信㈱
	三菱UFJ国際投信㈱
	りそなアセットマネジメント㈱
	大和証券投資信託委託㈱
	ニッセイアセットマネジメント㈱
	野村アセットマネジメント㈱
	三井住友トラスト・アセットマネジメント㈱
	三菱UFJ国際投信㈱
	ステート・ストリート・グローバル・アドバイザーズ㈱
	野村アセットマネジメント㈱
	三井住友アセットマネジメント㈱
	三菱UFJ国際投信㈱
	三菱UFJ国際投信㈱
	三菱UFJ国際投信㈱

つみたてNISA対象商品届出一覧《対象資産別》

■指定インデックス投資信託：142本

単一指数・複数指数の区分（※1）	国内型・海外型の区分（※2）	指定指数の名称、又は指定指数の数（※3）	ファンド名称（※4）
単一指数（株式型）	国内型	TOPIX	たわらノーロード TOPIX
			iFree TOPIX インデックス
			〈購入・換金手数料なし〉ニッセイ TOPIX インデックスファンド
			ニッセイ TOPIX オープン
			野村インデックスファンド・TOPIX
			三井住友・DC つみたて NISA・日本株インデックスファンド
			i-SMT TOPIX インデックス（ノーロード）
			SMT　TOPIX インデックス・オープン
			eMAXIS Slim 国内株式（TOPIX）
			eMAXIS TOPIX インデックス
			つみたて日本株式（TOPIX）
			Smart-i TOPIX インデックス
		日経平均株価	朝日ライフ 日経平均ファンド
			たわらノーロード　日経 225
			しんきんノーロード日経 225
			iFree 日経 225 インデックス
			〈購入・換金手数料なし〉ニッセイ日経平均インデックスファンド
			ニッセイ日経 225 インデックスファンド
			農林中金〈パートナーズ〉つみたて NISA 日本株式 日経 225
			野村インデックスファンド・日経 225
			野村つみたて日本株投信
			i-SMT 日経 225 インデックス（ノーロード）
			SMT　日経 225 インデックス・オープン
			eMAXIS Slim 国内株式（日経平均）
			eMAXIS 日経 225 インデックス
			つみたて日本株式（日経平均）
			Smart-i 日経 225 インデックス
		JPX日経インデックス400	iFree JPX 日経 400 インデックス
			〈購入・換金手数料なし〉ニッセイ JPX 日経 400 インデックスファンド
			野村インデックスファンド・JPX 日経 400
			SMT　JPX 日経インデックス 400・オープン
			eMAXIS JPX 日経 400 インデックス
	海外型	MSCI ACWI Index	全世界株式インデックス・ファンド
			野村つみたて外国株投信
			三井住友・DC つみたて NISA・全海外株インデックスファンド
			eMAXIS Slim 全世界株式（除く日本）
			eMAXIS Slim 全世界株式（オール・カントリー）（※5）
			eMAXIS 全世界株式インデックス

	運用会社
	SBIアセットマネジメント㈱
	楽天投信投資顧問㈱
	アセットマネジメントOne㈱
	アセットマネジメントOne㈱
	大和証券投資信託委託㈱
	大和証券投資信託委託㈱
	ニッセイアセットマネジメント㈱
	野村アセットマネジメント㈱
	野村アセットマネジメント㈱
	三井住友アセットマネジメント㈱
	三井住友トラスト・アセットマネジメント㈱
	三井住友トラスト・アセットマネジメント㈱
	三菱UFJ国際投信㈱
	三菱UFJ国際投信㈱
	三菱UFJ国際投信㈱
	三菱UFJ国際投信㈱
	りそなアセットマネジメント㈱
	SBIアセットマネジメント㈱
	ステート・ストリート・グローバル・アドバイザーズ㈱
	大和証券投資信託委託㈱
	農林中金全共連アセットマネジメント㈱
	三菱UFJ国際投信㈱
	楽天投信投資顧問㈱
	アセットマネジメントOne㈱
	ニッセイアセットマネジメント㈱
	野村アセットマネジメント㈱
	三井住友アセットマネジメント㈱
	三井住友トラスト・アセットマネジメント㈱
	三井住友トラスト・アセットマネジメント㈱
	三菱UFJ国際投信㈱
	三菱UFJ国際投信㈱
	三菱UFJ国際投信㈱
	りそなアセットマネジメント㈱
	SBIアセットマネジメント㈱
	大和証券投資信託委託㈱
	岡三アセットマネジメント㈱
	東京海上アセットマネジメント㈱
	ニッセイアセットマネジメント㈱
	ドイチェ・アセット・マネジメント㈱
	楽天投信投資顧問㈱

単一指数・複数指数の区分 （※1）	国内型・海外型の区分 （※2）	指定指数の名称、又は指定指数の数 （※3）	ファンド名称（※4）
単一指数（株式型）	海外型	FTSE Global All Cap Index	SBI・全世界株式インデックス・ファンド
			楽天・全世界株式インデックス・ファンド
		MSCI World Index（MSCIコクサイ・インデックス）	たわらノーロード　先進国株式
			たわらノーロード　先進国株式<為替ヘッジあり>
			iFree 外国株式インデックス（為替ヘッジあり）
			iFree 外国株式インデックス（為替ヘッジなし）
			<購入・換金手数料なし>ニッセイ外国株式インデックスファンド
			野村インデックスファンド・外国株式
			野村インデックスファンド・外国株式・為替ヘッジ型
			外国株式指数ファンド
			i-SMT グローバル株式インデックス（ノーロード）
			SMT　グローバル株式インデックス・オープン
			eMAXIS Slim 先進国株式インデックス
			eMAXIS 先進国株式インデックス
			つみたて先進国株式
			つみたて先進国株式（為替ヘッジあり）
			Smart-i 先進国株式インデックス
		FTSE Developed All Cap Index	SBI・先進国株式インデックス・ファンド
		S&P500	米国株式インデックス・ファンド
			iFree S&P500 インデックス
			農林中金<パートナーズ>つみたて NISA 米国株式 S&P500
			eMAXIS Slim 米国株式（S&P500）
		CRSP U.S. Total Market Index	楽天・全米株式インデックス・ファンド
		MSCI Emerging Markets Index	たわらノーロード　新興国株式
			<購入・換金手数料なし>ニッセイ新興国株式インデックスファンド
			野村インデックスファンド・新興国株式
			三井住友・DC 新興国株式インデックスファンド
			i-SMT 新興国株式インデックス（ノーロード）
			SMT　新興国株式インデックス・オープン
			eMAXIS Slim 新興国株式インデックス
			eMAXIS 新興国株式インデックス
			つみたて新興国株式
			Smart-i 新興国株式インデックス
		FTSE Emerging Index	SBI・新興国株式インデックス・ファンド
		FTSE RAFI Emerging Index	iFree 新興国株式インデックス
複数指数（バランス型）	国内型	2指数	日本株式・Jリートバランスファンド
		3指数	東京海上・円資産インデックスバランスファンド
			ニッセイ・インデックスパッケージ（国内・株式／リート／債券）
	海外型	2指数	ドイチェ・ETF バランス・ファンド
			楽天・インデックス・バランス・ファンド（株式重視型）

	運用会社
	楽天投信投資顧問㈱
	楽天投信投資顧問㈱
	ニッセイアセットマネジメント㈱
	三菱 UFJ 国際投信㈱
	JP 投信㈱
	KDDI アセットマネジメント㈱
	大和証券投資信託委託㈱
	大和証券投資信託委託㈱
	大和証券投資信託委託㈱
	ニッセイアセットマネジメント㈱
	ニッセイアセットマネジメント㈱
	ニッセイアセットマネジメント㈱
	ニッセイアセットマネジメント㈱
	ニッセイアセットマネジメント㈱
	三井住友アセットマネジメント㈱
	三井住友アセットマネジメント㈱
	三井住友アセットマネジメント㈱
	三井住友アセットマネジメント㈱
	三井住友アセットマネジメント㈱
	三菱 UFJ 国際投信㈱
	三菱 UFJ 国際投信㈱
	ニッセイアセットマネジメント㈱
	野村アセットマネジメント㈱
	KDDI アセットマネジメント㈱
	ニッセイアセットマネジメント㈱
	野村アセットマネジメント㈱
	野村アセットマネジメント㈱
	フィデリティ投信㈱
	フィデリティ投信㈱
	フィデリティ投信㈱
	ブラックロック・ジャパン㈱
	三井住友トラスト・アセットマネジメント㈱
	三井住友トラスト・アセットマネジメント㈱
	三井住友トラスト・アセットマネジメント㈱
	三井住友トラスト・アセットマネジメント㈱
	三菱 UFJ 国際投信㈱
	ニッセイアセットマネジメント㈱
	野村アセットマネジメント㈱
	アセットマネジメント One ㈱
	アセットマネジメント One ㈱
	アセットマネジメント One ㈱
	アセットマネジメント One ㈱
	アセットマネジメント One ㈱
	アセットマネジメント One ㈱

単一指数・複数指数の区分 (※1)	国内型・海外型の区分 (※2)	指定指数の名称、又は指定指数の数 (※3)	ファンド名称 (※4)
複数指数（バランス型）	海外型	2指数	楽天・インデックス・バランス・ファンド（均等型）
			楽天・インデックス・バランス・ファンド（債券重視型）
		3指数	ニッセイ・インデックスパッケージ（内外・株式）
			eMAXIS Slim 全世界株式（3地域均等型）
		4指数	JP4資産均等バランス
			au スマート・ベーシック（安定）
			ダイワ・ライフ・バランス30
			ダイワ・ライフ・バランス50
			ダイワ・ライフ・バランス70
			〈購入・換金手数料なし〉ニッセイ・インデックスバランスファンド（4資産均等型）
			DC ニッセイワールドセレクトファンド（安定型）
			DC ニッセイワールドセレクトファンド（株式重視型）
			DC ニッセイワールドセレクトファンド（債券重視型）
			DC ニッセイワールドセレクトファンド（標準型）
			三井住友・DC ターゲットイヤーファンド2040（4資産タイプ）
			三井住友・DC ターゲットイヤーファンド2045（4資産タイプ）
			三井住友・DC 年金バランス30（債券重点型）
			三井住友・DC 年金バランス50（標準型）
			三井住友・DC 年金バランス70（株式重点型）
			eMAXIS バランス（4資産均等型）
			つみたて4資産均等バランス
		5指数	ニッセイ・インデックスパッケージ（内外・株式／リート）
			野村インデックスファンド・海外5資産バランス
		6指数	au スマート・ベーシック（安定成長）
			〈購入・換金手数料なし〉ニッセイ・インデックスバランスファンド（6資産均等型）
			世界6資産分散ファンド
			野村6資産均等バランス
			フィデリティ・ターゲット・デート・ファンド（ベーシック）2040
			フィデリティ・ターゲット・デート・ファンド（ベーシック）2050
			フィデリティ・ターゲット・デート・ファンド（ベーシック）2060
			ブラックロック・つみたて・グローバルバランスファンド
			SBI 資産設計オープン（つみたて NISA 対応型）
			SMT　世界経済インデックス・オープン
			SMT　世界経済インデックス・オープン（株式シフト型）
			SMT　世界経済インデックス・オープン（債券シフト型）
			eMAXIS 最適化バランス（マイ　ゴールキーパー）
		7指数	ニッセイ・インデックスパッケージ（内外・株式／リート／債券）
			野村インデックスファンド・内外7資産バランス・為替ヘッジ型
		8指数	たわらノーロード　最適化バランス（安定型）
			たわらノーロード　最適化バランス（安定成長型）
			たわらノーロード　最適化バランス（成長型）
			たわらノーロード　最適化バランス（積極型）
			たわらノーロード　最適化バランス（保守型）
			たわらノーロード　バランス（8資産均等型）

	運用会社
	アセットマネジメントOne㈱
	アセットマネジメントOne㈱
	アセットマネジメントOne㈱
	大和証券投資信託委託㈱
	三井住友アセットマネジメント㈱
	三井住友トラスト・アセットマネジメント㈱
	三菱UFJ国際投信㈱
	三菱UFJ国際投信㈱
	三菱UFJ国際投信㈱
	三菱UFJ国際投信㈱
	三菱UFJ国際投信㈱
	三菱UFJ国際投信㈱
	三菱UFJ国際投信㈱
	三菱UFJ国際投信㈱
	三菱UFJ国際投信㈱
	三菱UFJ国際投信㈱
	りそなアセットマネジメント㈱
	りそなアセットマネジメント㈱
	りそなアセットマネジメント㈱
	りそなアセットマネジメント㈱

■指定インデックス投資信託以外の投資信託（アクティブ運用投資信託等）：17本

国内型・海外型の区分（※1）	投資の対象としていた資産の区分（※2）	ファンド名称（※3）	運用会社
国内型	株式	コモンズ30ファンド	コモンズ投信㈱
		大和住銀DC国内株式ファンド	大和住銀投信投資顧問㈱
		年金積立　Jグロース	日興アセットマネジメント㈱
		ニッセイ日本株ファンド	ニッセイアセットマネジメント㈱
		ひふみ投信	レオス・キャピタルワークス㈱
		ひふみプラス	レオス・キャピタルワークス㈱
	株式及び公社債	結い2101	鎌倉投信㈱
海外型	株式	EXE-i グローバル中小型株式ファンド SBIアセットマネジメント㈱	三菱UFJ国際投信㈱
		セゾン資産形成の達人 ファンドセゾン投信㈱	三菱UFJ国際投信㈱
		フィデリティ・欧州株・ファンド フィデリティ投信㈱	三菱UFJ国際投信㈱
	株式及び公社債	セゾン・バンガード・グローバルバランスファンド セゾン投信㈱	三菱UFJ国際投信㈱
		ハッピーエイジング30	損保ジャパン日本興亜アセットマネジメント㈱
		ハッピーエイジング40	損保ジャパン日本興亜アセットマネジメント㈱
		世界経済インデックスファンド	三井住友トラスト・アセットマネジメント㈱
		つみたて８資産均等バランス	三菱UFJ国際投信㈱
	株式及びREIT	フィデリティ・米国優良株・ファンド	フィデリティ投信㈱
	株式、公社債及びＲＥＩＴ	のむラップ・ファンド（積極型）	野村アセットマネジメント㈱

（※1）国内型は、内閣府告示第540号第1条第8号に規定する「国内型一般公募株式投資信託」をいう。海外型は、同条第7号に規定する「海外型一般公募株式投資信託」をいう。（※2）投資の対象としていた資産の区分は、同告示第2条第2号ハに規定する「基準計算期間において（中略）投資の対象としていた資産」の区分をいう。（※3）ファンド名称は、「国内型・海外型の区分」、「投資の対象としていた資産の区分」ごとに、運用会社の五十音順で表示している。

単一指数・複数指数の区分（※1）	国内型・海外型の区分（※2）	指定指数の名称、又は指定指数の数（※3）	ファンド名称（※4）
複数指数（バランス型）	海外型	8指数	たわらノーロード　バランス（堅実型）
			たわらノーロード　バランス（積極型）
			たわらノーロード　バランス（標準型）
			iFree 8資産バランス
			三井住友・DCつみたてNISA・世界分散ファンド
			SMT　8資産インデックスバランス・オープン
			eMAXIS Slim バランス（8資産均等型）
			eMAXIS 最適化バランス（マイ　ストライカー）
			eMAXIS 最適化バランス（マイ　ディフェンダー）
			eMAXIS 最適化バランス（マイ　フォワード）
			eMAXIS 最適化バランス（マイ　ミッドフィルダー）
			eMAXIS バランス（8資産均等型）
			eMAXIS マイマネージャー　1970s
			eMAXIS マイマネージャー　1980s
			eMAXIS マイマネージャー　1990s
			つみたて8資産均等バランス
			Smart-i　8資産バランス　安定型
			Smart-i　8資産バランス　安定成長型
			Smart-i　8資産バランス　成長型
			つみたてバランスファンド

（※1）単一指数は、内閣府告示第540号第1条第4号イに規定する「公募株式投資信託の委託者指図型投資信託約款において、信託財産は別表第一下欄に掲げる資産のうち、いずれか一の指数に採用されている資産に投資を行い、その信託財産の受益権一口当たりの純資産額の変動率を当該一の指数の変動率に一致させることを目的とした運用を行う旨の定めがあるもの」をいう。また、複数指数は、同号ロに規定する「信託財産は別表第一下欄又は別表第二四欄に掲げる指数のうち、いずれか二以上の指定指数に採用されている資産に投資を行い、その信託財産の受益権一口当たりの純資産額の変動率を当該二以上の指定指数の変動率に連動させることを目的とした運用を行う旨」の定めがあるものをいう。

（※2）国内型は、同告示第1条第6号に規定する「国内型インデックス投資信託」をいう。海外型は、同条第5号に規定する「海外型インデックス投資信託」をいう。

（※3）指定指数の名称は、同告示別表一に掲げる指数の名称であり、各指数は、配当を含めるか否かの別、為替ヘッジの有無又は特定の一国を除外若しくは包含するか否かの別により、別個の指数を算出している場合における当該指数を含む。

（※4）ファンド名称は、「単一指数・複数指数の区分」、「国内型・海外型の区分」、「指定指数の名称又は指定指数の数」ごとに、運用会社の五十音順で表示している。

（※5）10月31日、「eMAXIS Slim 全世界株式（オール・カントリー）」を追加。

■上場株式投資信託（ETF）：3本

指定指数の名称（※1）	ファンド名称（※2）	運用会社
TOPIX	ダイワ上場投信ートピックス	大和証券投資信託委託㈱
日経平均株価	ダイワ上場投信ー日経225	大和証券投資信託委託㈱
JPX日経インデックス400	ダイワ上場投信ー JPX日経400	大和証券投資信託委託㈱

（※1）指定指数の名称は、内閣府告示第540号別表一に掲げる指数の名称であり、各指数は、配当を含めるか否かの別、為替ヘッジの有無又は特定の一国を除外若しくは包含するか否かの別により、別個の指数を算出している場合における当該指数を含む。

（※2）ファンド名称は、「指定指数の名称」ごとに、運用会社の五十音順で表示している。

2・飲み会の席で神様が現れた

現在、世界の総人口は約73億人と言われています。この中で果たしていったいどれだけの人が自分の人生に満足しているのでしょうか？　特に私のように至って普通の人間の中で自分の人生に満足して死を迎えられる人って。「死」を知り「生」を知るという言葉があるけれどどうしても自分との向きあいとは「死」と向き合わざるを得ないのかもしれません。

独身子なし。誰の為に生きているわけでもなく両親が生きている限り自殺は親を悲しませるからしないけれど両親がいなくなったら分からないな…。兄弟がいる。兄弟がいる限りは死ねないかな？　やっぱり結局は死ねないから生きるしかないんですよね。

朝はいつもギリギリまで寝ていて仕事をしていた時は平均7時30分に起きていたけれど今は平均11時30分に起きているというのはどういうことなんだろう？　この4時間無理していたということなのかな？　決して夜寝る時間が遅くなったわけでもなくて起きる必要がないとここまで人は眠り続けることができるのかな？　これって私だけなのかな？　13年間分の

疲れが取れたら自然に朝日と共に目覚められるようになるのかな？　それとも現実逃避なのかな？　眠っている時間だけは幸せだと感じられるから、幸せな時間を少しでも長く過ごそうとしているだけなのかな？

こんなに1日があっという間に終わってしまうことも知らなかったし仕事をしていた時はなかなか休憩時間にならなかったしなかなか就業時間にならなかったのにな。それだけ自分の好きなことだけをしている証拠なのかな？　寝ることも昔から好きなことの1つだったし。あぁ。朝早く起きなくて良い生活なんて幸せなんだ…。こうして7時30分に目が覚めても気持ち良さとぬくぬく加減を満喫しているうちに、二度寝をしてしまうからより起きられなくなっているのかな？

3カ月も遅い朝を迎えていたらなんとなくどこかで罪悪感が湧いてきました。

このままではダメだと会社を辞めることになったけれど今の生活はその時以上にダメだろう。私はなんて怠け者で、愚か者なんだ…　と卑下してしまう日々でした。

そんな時相変わらず週末の飲み会は楽しみに集っていると人生初投資家さんが飲み会の席に現れました。なんとイギリスに暮らしていたとか英語もペラペラで華々しい経歴をお持ちの方でした。現在はマレーシアに奥様とお子様と一緒に暮らしているという半セミリタイアのような好きなことしかしていない生活を実現している方でした。

「神」私の目の前に救世主の「神様」が現れた。私は幸い目の前の席に座って投資に興味があるけれど株などは難しくて手が出せなくて… 手を出さなかった。周りの人達もいるので自分の悩み相談にはならないように株で負けたとかのネガティブな話は控えて現状と興味があるということだけを伝えてみました。

ウィスキーが好きという話で気があって、その時間は楽しく過ごせました。飲み会も終わりの頃に少しだけ銀行に行ったらＮＩＳＡをすすめられたんだけれど「やった方が良かったの？」と質問してみました。

「その中身って全部確認してみた？ あなたの人生の計画も出しているかな？ 自分の人生設計に合ったものを選んでいかないと意味がないからまず自分のポートフォリオを組むといいよ。そこからですよ。商品選びは。」

「はい。ありがとうございます。」

(全部、確認って何を確認するんだろう？　やっぱりプロは凄いな？　全部確認するんだな？　そんなことできるのかな？　「プロにお任せするほうがいいということだ」)

「すみません。知識不足でごめんなさい、ポート…　何でしたっけ？」

「ポートフォリオ。自分の資産形成の設計図のようなもの。」

私は、帰りの電車の中で、ポートフォリオと検索してみた。

楽天証券の漫画で分かる年代別ポートフォリオが出てきました。

30代を開いてみると…（楽天証券「矢島金太郎で考える資産形成！　30代のポートフォリオ見本帳」https://media.rakuten-sec.net/articles/-/13513)

■30代篇・矢島金太郎（『サラリーマン金太郎』）が目指すべき資産形成

まさにつみたてＮＩＳＡで資産形成のポートフォリオが組まれていました。

30代ともなると毎月５３、０００円。なんだか、自分の甘さを感じました。

iDeCoって何だろう？　また新しいのが出てきたぞ。ポートフォリオを組むのは難しそうだ。

読者の皆様も年代別にご自身のポートフォリオをご参考にしてみてください。

■20代篇・黒沢心（『重版出来』）が目指すべき資産形成

（https://media.rakuten-sec.net/articles/-/13512）

■40代編・富井副部長（『美味しんぼ』）が目指すべき資産形成

（https://media.rakuten-sec.net/articles/-/13514）

■50代篇・島耕作（『取締役島耕作』）が目指すべき資産形成

（https://media.rakuten-sec.net/articles/-/13515）

■60代篇・犬屋敷壱郎（『いぬやしき』）が目指すべき資産形成

（https://media.rakuten-sec.net/articles/-/13516）

メリットだらけ！　じぶん年金「iDeCo」のやさしいはじめ方

◎わたしの備えは大丈夫なのかな？　意外に少ない公的年金

老後の生活を支える公的年金があることは知っていますよね。毎年ねんきん定期便で年金額のお知らせが届いているはずです。これは個人が備えることのできる私的年金で、「イデコ」という言葉は、愛称として広められました。

このイデコのメリットを紹介する前に、「公的年金があるのに、さらに個人が備える必要性ってあるの？」と疑問を感じる人もいますよね。そこで公的年金について説明します。

公的年金は会社員、公務員、自営業やフリーランス（個人事業主）、学生、専業主婦など働き方の違いはあっても20歳以上のすべての人が加入しなければなりません。

公的年金の種類は国民年金（基礎年金）、厚生年金、国民年金があり、

◆資産形成の手段は「iDeCoでコツコツ」

勤務先の財形貯蓄や持株会は、退職時に原則、解約・退会しなくてはいけないため、使うとしても金額は「ほどほど」に。終身雇用が当たり前だった時代は、従業員の福利厚生の一環として重要な役割を担っていましたが、転職時に持ち運びがしやす確定拠出型年金（iDeCo：イデコ）のほうが現代社会には合っているでしょう。

● iDeCo公式ホームページ » https://www.ideco-koushiki.jp/

会社員として働いていた人でシングルなら月146,000円、妻が専業主婦の元会社員夫婦は月211,000円自営業フリーランスで働いていたシングルの人は65,000円、自営業で働いていた夫婦は月130,000円が支払われ、老後の主な収入となります。

いかがですか。現役時代の収入に比べると少ない印象ですね。

◎月々の掛金は会社の制度や職業により変わる

そこでこの公的年金を補うことができるイデコの出番というわけです。

イデコは自分自身が選んだ投資信託や定期預金などに公的年金の保険料にあたる「掛金」を毎月5,000円以上1,000円単位で積み立てて60歳以降に受け取ることができる私的年金制度なのです。

しかも現代は会社員→転職→フリーランス→会社員と働き方を変える人もいて年金の種類も変更せざるを得ませんがそんなとき「ポータビリティ」と呼ばれる払った掛金を移った先の確定拠出年金に移動して同じように運用し続けることができるのがイデコの特徴。便利と言えそうです。

イデコは国民年金や厚生年金に加入している人ならほぼ誰でも入れますが会社員の場合会

社にある企業年金制度の内容で、掛金の上限額が変わります。

ちなみに企業年金とは企業が従業員の老後の生活を支えるため公的年金に加えて設けられている年金のこと。企業年金がない場合の掛金の上限は月23、000円、企業年金がある場合は月12、000～20、000円です。


また公務員などは月12、000円、専業主婦（主夫）は月23、000円、自営業などの人は付加保険料や国民年金基金保険料と合算して月68、000円です。

自営業などの人はイデコ国民年金基金そしてこの両方で備えるという3つの選択肢があり、多くの額を積み立てることができます。


なるほど。これだよね。私が無性に今のままではいけないと思っていたのはやはり老後の年金の受け取りが少ないということ。

老後の資金を自分で作っておかなければいけないということ。それもないのに恵まれない子供達に何か支援できる身分でもないということ。ちょっとスッキリしたなぁ。

まずは老後の蓄えを作る資産形成が第一なりということですね。

③・NISA買って良いもの悪いもの

はっきり言ってNISAでもイデコでもどれを買ったら良いか分からないところが怖いですよね。一生懸命老後の資産形成をしたところで株のように負けちゃう人がいるというならやらない方がマシとも言えるし。でも負けないなら絶対にやっておいた方が良いというのは一目瞭然だし。

ああなんとか負けないポートフォリオを組みたいものだ。どうしたらいいんだろう？ 先日飲み会で会った神にウィスキー飲みで誘ってみようかなぁ？ 教えてもらおうかな？ あれ？ 教えてもらえるのかなぁ？ プロだからやっぱり教えてもらうにはお金がかかるかなぁ？ ポートフォリオはこの楽天証券のものを持って行けば良いかな？

ダメもとで連絡をしてみて次に日本に帰国する日のアポを取っておこう。ウィスキーの美味しいお店はどこがいいかなぁ？

会社を辞めて4カ月目の後半に私は神とウィスキーを飲みに行くという約束が取れました。2週間くらい前からのアポだった為にウキウキした日々を過ごせました。これで私の未来が変わるかもしれない。不安定な生活から毎日の安定した生活がもたらされるかもしれない。ワクワク。ドキドキ。

そして当日を迎えて、私が朝からソワソワと落ち着かずにやっぱりジムに行って汗を流すことでその心を落ち着けたのでした。その晩ウィスキーを片手に神は想像以上に色々なことを快く教えてくれました。

ここはダメ。それもダメ。ここはもっとダメ。そこも止めといた方がいいね。

専門家ってここまで情報の収集と処理に長けていてすぐに判断できてしまうんですね？　私が金融庁から引っ張ってきて印刷した紙は、見事に赤い×マークで選択肢が絞られていくのでした。凄い、やっぱり神だ。

私にも明るい光が降りてきた気がするのでした。

平成30年10月31日
金融庁

つみたてNISA対象商品届出一覧
（運用会社別）

→評価追記

【指定インデックス投資信託：142本】

ファンド名称（※1）	運用会社	系列	業態	運用開始日	基準価格【2018年12月末日現在】	運用成績（リターン）【2018年12月末日現在】
JP4資産均等バランス	JP投信㈱	ゆうちょ系	銀行			
auスマート・ベーシック（安定）	KDDIアセットマネジメント㈱	KDDI系	通信			
auスマート・ベーシック（安定成長）	KDDIアセットマネジメント㈱	KDDI系	通信			
SBI・全世界株式インデックス・ファンド	SBIアセットマネジメント㈱	SBI系	ネット証券/銀行			
SBI・新興国株式インデックス・ファンド	SBIアセットマネジメント㈱	SBI系	ネット証券/銀行			
SBI・先進国株式インデックス・ファンド	SBIアセットマネジメン[illegible]					
朝日ライフ 日経平均ファンド	朝日ライフ アセットマネ[illegible]					
たわらノーロード TOPIX	アセットマネジメントOn[illegible]					
たわらノーロード 最適化バランス（安定型）	アセットマネジメントOn[illegible]					
たわらノーロード 最適化バランス（安定成長型）	アセットマネジメントOn[illegible]					
たわらノーロード 最適化バランス（成長型）	アセットマネジメントOn[illegible]					
たわらノーロード 最適化バランス（積極型）	アセットマネジメントOn[illegible]					
たわらノーロード 最適化バランス（保守型）	アセットマネジメントOn[illegible]					
たわらノーロード 新興国株式	アセットマネジメントOn[illegible]					
たわらノーロード 先進国株式	アセットマネジメントOn[illegible]					
たわらノーロード 先進国株式＜為替ヘッジあり＞	アセットマネジメントOn[illegible]					
たわらノーロード 日経225	アセットマネジメントOn[illegible]					
たわらノーロード バランス（8資産均等型）	アセットマネジメントOn[illegible]					
たわらノーロード バランス（堅実型）	アセットマネジメントOn[illegible]					
たわらノーロード バランス（積極型）	アセットマネジメントOn[illegible]					
たわらノーロード バランス（標準型）	アセットマネジメントOn[illegible]					
日本株式・Jリートバランスファンド	岡三アセットマネジメン[illegible]					
しんきんノーロード日経225	しんきんアセット[illegible]					
全世界株式インデックス・ファンド	ステート・ストリート・グ[illegible]					
[illegible]株式インデックス・ファンド	ステート・ストリート・グ[illegible]					
iFree 8資産バランス	[illegible]					
iFree JPX日経400インデックス	大和証券投資信託委託[illegible]					
iFree S&P500インデックス	大和証券投資信託委託㈱	[illegible]	[illegible]			
iFree TOPIXインデックス	大和証券投資信託委託㈱	大和系	証券			
iFree 外国株式インデックス（為替ヘッジあり）	大和証券投資信託委託㈱	大和系	証券			
iFree 外国株式インデックス（為替ヘッジなし）	大和証券投資信託委託㈱	大和系	証券			
iFree 新興国株式インデックス	大和証券投資信託委託㈱	大和系	証券			
iFree 日経225インデックス	大和証券投資信託委託㈱	大和系	証券			
ダイワ・ライフ・バランス30	大和証券投資信託委託㈱	大和系	証券			
ダイワ・ライフ・バランス50	大和証券投資信託委託㈱	大和系	証券			
ダイワ・ライフ・バランス70	大和証券投資信託委託㈱	大和系	証券			
ドイチェ・ETFバランス・ファンド	ドイチェ・アセット・マネジメント㈱	ドイツ銀行系	銀行			
東京海上・円資産インデックスバランスファンド	東京海上アセットマネジメント㈱	三菱系	損保			
＜購入・換金手数料なし＞ニッセイ・インデックスバランスファンド（4資産均等型）	ニッセイアセットマネジメント㈱	日本生命系	生保			

④・夢に出てきたファンドのお化け

ある朝目が覚めたら私は汗びっしょりかいてうなされていました。自分の唸り声で目が覚めてファンドのお化けが出てきた夢を見ていたことに気がつきました。私は夢を覚えている方で毎日最後に見た夢がどんな夢だったのか？　余韻に浸っています。

今日は良い夢を見たな。今日は変な夢を見たな。と回想するわけですがこの日は本当に最悪な夢を見たなと思いました。ＮＩＳＡの為だけに作ったファンドが、まるでウンチの形をして、私を追いかけてくる夢でした。そう言えば、勝ちもしない、既に負けてしまっているファンドが「クソファンド」と呼ばれていて、酷い名付けだなぁと思った記憶が深かったのかもしれません。

私の夢の方がよっぽどえげつないです。今、お食事中だった方には大変失礼致しました。それだけ負けてしまう恐怖感から逃げていた夢だったのではないか？　という夢分析をしました。「私は、クソファンドには騙されないぞ！」と誓いました…。どれがクソファンドな

のか？　私には見極めがつかなかったので（調べる気力もなし）

先日神に×マークをつけてもらったファンドが全部お化けとなって私に襲いかかってきたのでうなされていたのです。どれだけ汗をかいたのか？

こういう時夢の中で運動をしたら汗をかいているのはいつも不思議だなって思います。

実際に、現実の肉体は走っているわけでも体をバタバタとさせているわけでもないのに…。

これは夢じゃなくてイメージの中でイメトレをするときのスポーツ選手と同じ効果が夢の中でもあるのかな？　とどこかで思っているのです。

だから、夢の中で何か現実を変えられるなら、私はもっと夢を見ていたいと思うのでした。

そうなると寝たきりのマトリックスのような世界になってこの世は仮想現実ではいつでも自分の人生をリセットできる多次元パラレルワールドのリアリティもうなずけます。

とにかく私は寝たままにして夢の中で追いかけられている夢を見たのでそれが冷や汗なの

か？　追いかけられて運動をしたからの汗なのか？　は分からないけれど。こればかりは夢で良かったとは言えない気がして朝からどっと疲れを感じてシャワーを浴びました。

ＮＩＳＡの為だけに作ったファンドは今後トレンド的にもっと増えるかもしれない可能性があります。

ＮＩＳＡという条件に合わないとＮＩＳＡとして商品一覧には並びませんから条件を合わせてくるファンドも今更でもあるかもしれません。神曰く、「ＮＩＳＡの為だけに作ったファンドは全部、×」と言って赤い×マークを書き込んでくれたのでこれ以降新しい商品が現れても私は無視すると決めました。

5・銀行の営業マンに騙されたらダメ

私の家に1本の電話がありました。

私が以前株を買った時に利用した銀行の営業マンでした。

株式の口座を持っている人にお知らせのお電話をしているとのことでした。

私は少し怒りすら湧いてきました。それは私なりに少し勉強した後のことだったので先日のロボットと同じようにこの営業マンは何の根拠もなくただひたすら私に今まさに私が勉強中のつみたてNISAをオススメしてきたからです。

私が優雅な専業主婦の奥様だったら何のとがめもなし自分のへそくり作りだとか夫がなくなってからのことを心配して20年間の非課税の優遇を受けられるつみたてNISAにも、楚々と口座開設していたかもしれません。お金持ちのマダムだったらイメージ的にも、何かと日頃からのお付き合いで良くしてもらっている優遇してもらっているなどの特別な扱いでも受けているかもしれません。

しかし私は普通の平々凡々の凡人ですからこの営業マンとの付き合いは一切ありません。ＮＩＳＡの口座って一つ作ったら他ではもう作れなくなるから銀行マンも自社の銀行で囲いこもうと必死で電話作戦までしているとの情報を神が教えてくれていたので頭に角が生えてきたのです。

その営業マンは私にＮＩＳＡについて知っているか？　という質問もなく当然知らないであろうかのように非課税で税金が優遇されるメリットがあるとか預り金も銀行が管理するから手間がかからないとか市民税なども預かっていけるなどなんだか良く分からない未来の資産管理のことまで我が銀行に任せてください。とアピールしてきました。

私が先日のウィスキー飲みで神から教わったことは銀行が良くない金融商品を販売し始めたので金融庁が怒って規制をかけて個人投資家を守るための初の試みとして、ＮＩＳＡが生まれたんだと聞きました。

銀行は私達から老後のお金を奪う気なんてないでしょうし営業マンだって仕事として携

わっているだけで会社で命令されたことだけをやっているだけだとは思います。

だからこちらとしては自分の身は自分で守らなければいけないとすぐに感じました。

正直インターネットが普及した今、昔だったらお金持ちしか手を出さなかった株投資もアプリで1万円からできるものも出てきました。


私は良く分からないので手を出していないのですが株のことが良く分からなくても簡単に株式投資ができるような時代になったのです。銀行から自分に連絡が来て非課税になるとか20年間あなたの年金を作りましょうなどと言われたら素直な日本人は簡単に分かりましたと口座開設くらいしてしまうことでしょう。


このつみたてNISAに関しては従う銀行の選んだ商品によって本当に人生が変わってしまうかもしれないのです。

株だったら何社の株を買っても制限はありませんからお金持ちほどリスクヘッジできることでしょう。つみたてNISAには非課税枠があって一金融機関で管理されるので仮に黒色銀行が存在したとしたらその黒色銀行で扱うＮＩＳＡ対象商品から選ぶことになってしまうのです。

本来選べる枠の中でも選択肢がそれだけで狭くなってしまいます。

銀色銀行だったらＮＩＳＡの商品を１００本くらい扱っているかもしれません。だけど数本しか扱っていない銀行だったら行員さんの言いなりとなって口座開設後言われたとおりに申し込むだけという流れになるでしょう。

私のような今失業中の身分のものにとって貴重な貴重なお金なのです。

老後の生き死にかかっている中では自殺行為のようなものです。

だからまだつみたてＮＩＳＡでどの商品を選んだ良いか分からないという人はくれぐれも銀行で声をかけられた時にその場で簡単に口座開設をしないように気をつけてください。

オススメはできません。

銀行への行政処分事例集

金融庁ホームページより一部抜粋（平成 30 年 9 月 30 日時点）

年度	金融機関等名	根拠法令	処分の種類	処分の内容
平成 20 年度	あおぞら銀行	銀行法・早期健全化法	業務改善命令	経営健全化計画の履行の確保
	新銀行東京	銀行法	業務改善命令	内部管理態勢強化等
	琉球銀行	銀行法・早期健全化法	業務改善命令	経営健全化計画の履行の確保
	岐阜銀行	銀行法・早期健全化法	業務改善命令	経営健全化計画の履行の確保
平成 21 年度	福島銀行	銀行法	業務改善命令	内部管理態勢強化等
	百十四銀行	銀行法	業務改善命令	内部管理態勢強化等
	岐阜銀行	銀行法・早期健全化法	業務改善命令	経営健全化計画の履行の確保
	東日本銀行	銀行法・早期健全化法	業務改善命令	経営健全化計画の履行の確保
	千葉興業銀行	銀行法・早期健全化法	業務改善命令	経営健全化計画の履行の確保
	シティバンク銀行	銀行法	業務停止命令	業務停止（銀行法第 26 条）
	シティバンク銀行	銀行法	業務改善命令	内部管理態勢の充実・強化等
	新生銀行	銀行法・早期健全化法	業務改善命令	経営健全化計画の履行の確保
	中央三井トラスト・ホールディングス	銀行法・早期健全化法	業務改善命令	経営健全化計画の履行の確保
	あおぞら銀行	銀行法・早期健全化法	業務改善命令	経営健全化計画を自ら的確に履行しようとしていないこと
	あおぞら銀行	銀行法・早期健全化法	業務改善命令	経営健全化計画の履行の確保
	ゆうちょ銀行	銀行法	業務改善命令	内部管理態勢強化等
	郵便局会社	銀行法	業務改善命令	内部管理態勢強化等
	韓国外換銀行在日支店	銀行法	業務停止命令	業務停止（銀行法第 26 条）
	韓国外換銀行在日支店	銀行法	業務改善命令	内部管理態勢強化等
平成 22 年度	琉球銀行	銀行法	業務改善命令	内部管理態勢強化等
	きらやか銀行	銀行法	業務改善命令	内部管理態勢強化等
	新生銀行	銀行法・早期健全化法	業務改善命令	経営健全化計画の履行の確保
	日本振興銀行	銀行法	業務停止命令	業務の停止（銀行法第 26 条、第 27 条）
	日本振興銀行	銀行法	業務改善命令	内部管理態勢強化等
	日本振興銀行	銀行法	業務停止命令	業務の停止（銀行法第 26 条）
	日本振興銀行	銀行法	業務改善命令	資産の劣化の防止等
	スタンダードチャータード銀行在日支店	銀行法	業務改善命令	内部管理態勢強化等

年度	金融機関等名	根拠法令	処分の種類	処分の内容
平成 23 年度	みずほ銀行	銀行法	業務改善命令	内部管理態勢強化等
	みずほフィナンシャルグループ	銀行法	業務改善命令	内部管理態勢強化等
	シティバンク銀行	銀行法	業務停止命令	業務停止（銀行法第 26 条）
	シティバンク銀行	銀行法	業務改善命令	内部管理態勢強化等
	ユービーエス・エイ・ジー在日支店	銀行法	業務改善命令	内部管理態勢強化等
平成 24 年度	ソシエテジェネラル信託銀行	銀行法・兼営法（信託業法）	業務停止命令	業務の停止（銀行法第 26 条）
	ソシエテジェネラル信託銀行	銀行法・兼営法（信託業法）	業務改善命令	内部管理態勢強化等
	北陸銀行	銀行法	業務改善命令	内部管理態勢強化等
平成 25 年度	みずほ銀行	銀行法	業務改善命令	法令等遵守態勢強化等
	みずほ銀行	銀行法	業務停止命令	業務停止（銀行法第 26 条）
	みずほ銀行	銀行法	業務改善命令	内部管理態勢強化等
	みずほフィナンシャルグループ	銀行法	業務改善命令	内部管理態勢強化等
	ラボバンク ネダーランド 東京支店	銀行法	業務改善命令	内部管理態勢強化等
平成 26 年度	國民銀行在日支店	銀行法	業務停止命令	業務停止（銀行法第 26 条）
	國民銀行在日支店	銀行法	業務改善命令	内部管理態勢強化等
平成 27 年度	ウリィ銀行東京支店	銀行法	業務停止命令	業務停止（銀行法第 26 条）
	ウリィ銀行東京支店	銀行法	業務改善命令	内部管理態勢強化等
平成 27 年度	中小企業銀行東京支店	銀行法	業務改善命令	内部管理態勢強化等
平成 30 年度	東日本銀行	銀行法	業務改善命令	内部管理態勢強化等

（注 1）行政処分事例集では、金融庁及び財務局等から発出・公表を行った不利益処分等（業務改善命令、是正命令、戒告、計画変更命令、業務改善指示、業務停止命令、登録取消し、許可取消し、認可取消し、勧告、業務廃止命令等）が取りまとめられている。

（注 2）点線で仕切られている項目については、同一の命令書であることを示す。

（注 3）平成 28 年 1 月以降に新規登録若しくは更新を行った案件については、新規登録若しくは更新時点の法人番号を併記している。

■金融庁 HP・https://www.fsa.go.jp/status/s_jirei/kouhyou.html

第3章

つみたてNISAの宝探し大冒険のはじまり

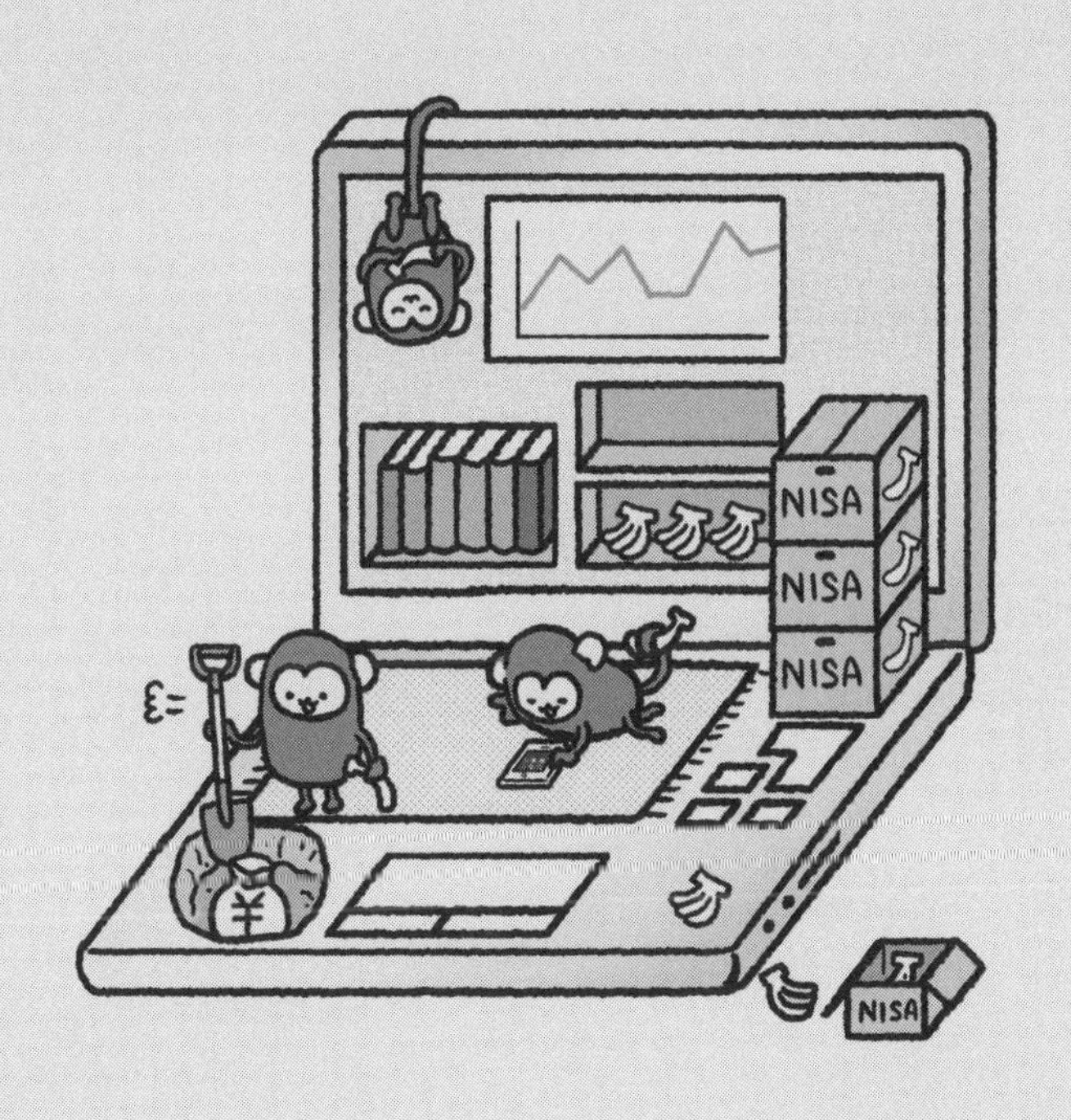

❶・FXや株でもプロのファンドを探すのは難しい

私は先日の赤ペンでバツをつけてもらった一覧表を見てこれは宝探しのマップと同じなんではないか？　というような気分になってきました。唯一無二の私の資産を増やしてくれる宝のファンドは、どこなんだ？。

ＦＸや株だって、再現性の高いプロのトレーダーさんや顧客の利益を考えた真っ当なファンドを探すのは、凄く難しいと言います。

個人投資家はつみたてＮＩＳＡであれば全ては金融庁のお墨付きの商品一覧から選べば良いので詐欺の心配はありません。この私が投じる会社は将来私に利益をもたらしてくれるのかそれとも損失になってしまうのか、それとも私の老後が豊かになるきっかけ作りになるのか貧困老後を過ごさなければいけないのか問われます。

真剣そのもので一覧表を眺めてもやはり私にはそれ以外を判断できる知恵も知識もありません。直感は怖くて投資に使うのは止めました。神にお願いして続きの選定もしてもらうしかないと思いました。この頃の私は何としてもつみたてＮＩＳＡ宝探し大冒険をしたくてたまらなくなっていました。

失業保険をもらっている私はアルバイトもできないので「全部、確認したの？」という声が頭の中にリフレインするたびにおぞましい気持ちになっていました。残りの会社の全部を確認しなくても良いように少しでも自分の負担を減らそうとしていたのでした。

前回神が、日本に帰国する日が決まったら教えてください。と頼んであったので、私はクビを長くしてその連絡を待っていました。５ヶ月後やっと連絡が来てまた会ってくださることになりました。

１社ずつ、岩だと思って叩くと中にダイヤモンドが入っているかまたは貝殻を割りあけて真珠が大きく育っているのかをよるで、確認するみたいだなと思いました。中にはクズとか偽物とか爆弾まであるから気をつけなければいけないのです。

そのやり方を神に聞いて1社ずつ調べてみよう。調べ方が分かれば私にもできるでしょう。しかしウィスキーの会ではあっけなくその考えを否定されました。

「それは、無理ですね。情報って表には出てこないから。正直裏情報とは現場にいる人とかそういう真実を知っている人じゃないと分からない世界だから。調べて分かることと上辺だけの情報というものもあるから。」

私のつみたてＮＩＳＡ宝探し大冒険は、はじまらずして終わってしまいました。そんなショックなことがあるでしょうか？　そんな裏情報を知っている人間がどこにいるというのでしょうか？　その日の私のお酒の量はいつもよりもグビグビと進んでしまったことは言うまでもありません。

自分の不甲斐なさ。自分のダメ度。再就職先も探してもいないし失業期間もだんだんわずかとなってきました。やけ酒だ。と言うような気分でピッチも早く飲んでいました。

酔いがだいぶ回った頃私は言わずにはいられませんでした。

「つみたてＮＩＳＡの裏情報なんて知っている人はこの世のどこかにいるんでしょうか？　会ってみたいです。そしてお話を聞いてみたいです。」

「裏情報ね。全てを１人の人が知っているわけではなくて少しの裏情報を少しの人間だけが知っている感じだから、各業界の人にインタビューしていったらいいんだよ。」

「え？　インタビュー？　そうしたら私の価値観を変えたともいえるあのさわかみファンドの澤上会長にもインタビューできるのでしょうか？」

「え？　澤上会長知っているの？」

「はい。私が分散投資をしようかと悩んでいた時にお金がない人は分散できないんだから一本に絞るべき」と教えて頂いたんです。もちろんそれは個人的にお会いしたとかではなくて、インターネットの対談中での記事ですが。」

「澤上会長だったら凄く良いかもしれないですね。なぜってさわかみファンドはまさにこの金融庁の一覧の中に入っていないのでもっと中立的な立場からつみたてＮＩＳＡのアドバイスをいただけると思うんです。

私さわかみファンドのファンドマネージャーとかお友達がいるのでちょっと聞いてみますよ。」

「え？　いいんですか？　さわかみ会長にインタビュー？」

悪酔いのはずのお酒が一気に冷めました。なんて今日は良いお酒なんだ。生きていて良かった。なんて素晴らしい未来が待っているんだ。そんな凄い人に教えてもらえるなんて、私の老後が安泰になってしまうに違いない。酔っ払っていたせいか単純バカですね。

「今の私だったら時間だけはあるのでいつでも大丈夫です。お時間は全面的に合わせられます。」

②・驚愕　成績の差で10倍の違い

翌日神から連絡が来ました。仕事ができる人って連絡が早いのですね。

「昨日はまた楽しい時間をありがとうございました。私自身そんなにつみたてNISAについて調べたことがなかったから、詳しいアドバイスもできなかったけれどさわかみの友達に少し聞いてみたら、成績が良い会社と、成績が悪い会社があって、その成績の差は、10倍以上の違いがあるそうです。10倍って凄いよね？　10万円なら100万円だし。100万円なら1、000万円です。なかなか面白そうなので今度一緒にまた飲みましょう。その時に会長へのインタビューのことは相談してみたら良いと思います。」

なんだか良く分からなかったけれどとにかく10倍の差がつくとあれば選ぶ会社を間違えないようにしなければいけないということですよね。これは大変だ。

そして次回の飲み会がまた楽しみになりました。

「その人は、お酒飲めないからウィスキーのバーとかよりも普通に美味しいお食事ができる場所とかの方が良いと思います。」

なるほど。お酒は投資家にとったら禁断なのかもしれませんね？

美味しいお食事のお店かぁ。どこにしよう？　やっぱり和食ですかね？　焼き肉でもいいのかな？

初めての人だし個室とかあったほうが良さそうだから和食屋さんで個室のあるところに予約を入れておこうと。会食は2日後で神がまたマレーシアに戻ってしまうという前日の夜にアポを入れてくださいました。本当に本当にありがたいことです。感謝です。

③・つみたてNISAの宝探しを始めることになった

始める前に終わりのようなKO負けのゴングがリングに鳴り響きましたがなんとか、復活しやっと本当の意味でスタート地点に立つことができるようになりました。

さわかみの人との食事会ではガンガンに裏情報が入ってきました。「ここはダメ。ここも成績はズダボロ。ここも良くないよね。こんなところこのリストから外しても良いくらいだよ。ここはやめといたほうがいいね。」追加でどんどん赤×が付いていきました。

炸裂とはまさにこのことです。歯に衣着せぬキレッキレなトークは軽快に敵を打ち倒すかのように、赤×をつけていってくれました。

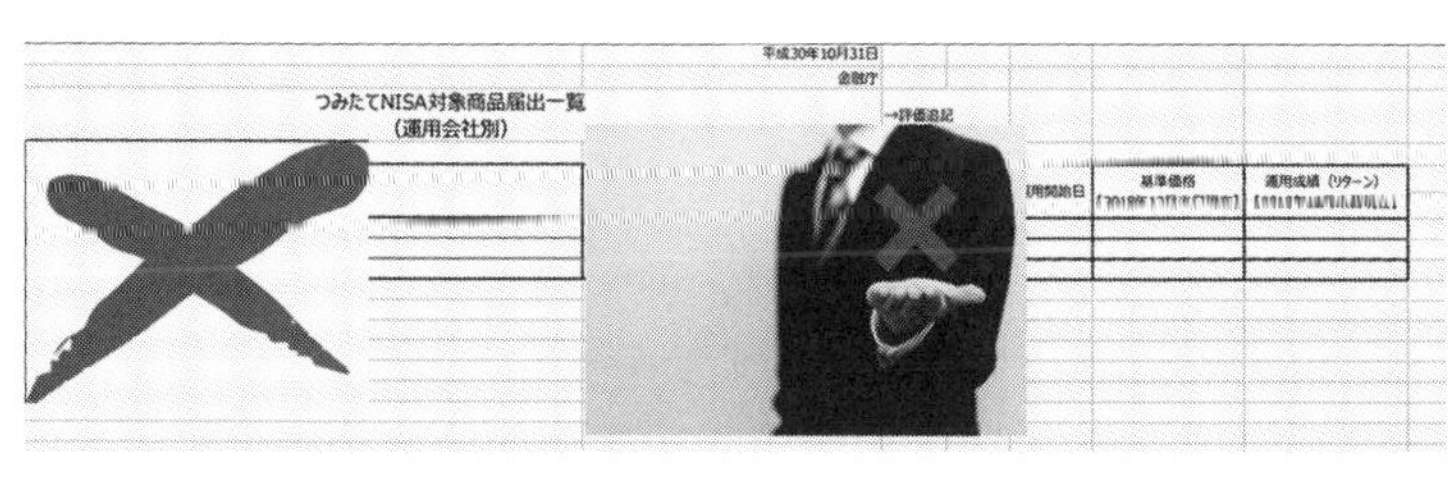

つみたてNISAの特徴

「少額からの長期・積立・分散投資」
「年40万円までの積立投資利益を最大20年間非課税」
「選ばれたファンドから自分に合ったものを選べばいいだけ」

メリット

少額 → お金がなくてもOK（月最大33,000円程度）
長期 → お金や時間がなくてもOK
積立 → 投資の勉強をしなくてもOK
分散投資 → 投資の勉強をしなくてもOK
選ばれたファンド → 投資の勉強をしなくてもOK
（金融庁が条件を設定しているので悪質なファンドは設計しにくい）
非課税 → 儲ければ儲けるほど得 = お金がなくても、時間がなくても、投資の勉強なんてしなくても大丈夫（サルでも使える）

デメリット

選択↓対象ファンドの中から「宝」を探し当てなければならない。
（爆弾もあるが分かりにくい）
口座↓NISA口座は1つの金融機関でしか開設できない（移管は可能）＝
購入ファンドが金融機関によって制限されている

解決策

ファンドの評価をデータで表して危ないサービスをフィルタリングで排除
残ったものがNISAでやるべきファンド

この残ったものが宝ということになるのです。

4・爆弾を排除して宝が残る戦法

さわかみの人に会長へのインタビューのことを訪ねてみました。

「そうだね、どうしても質問したい！　ということがあったらこちらで聞いておきますよ。」

「ありがとうございます。」

私はもうどの商品を選んだら良いのか？　ずばり分かればそれで良いんです。お金ないんですから悩む余地もありません。

できることしかできませんので。

その後プロ投資家の方々のお力添えのおかげでつみたてＮＩＳＡ宝探しマップは投資したらダメな爆弾ファンドを排除して残ったファンドの中から、更に選定していくことになりました。

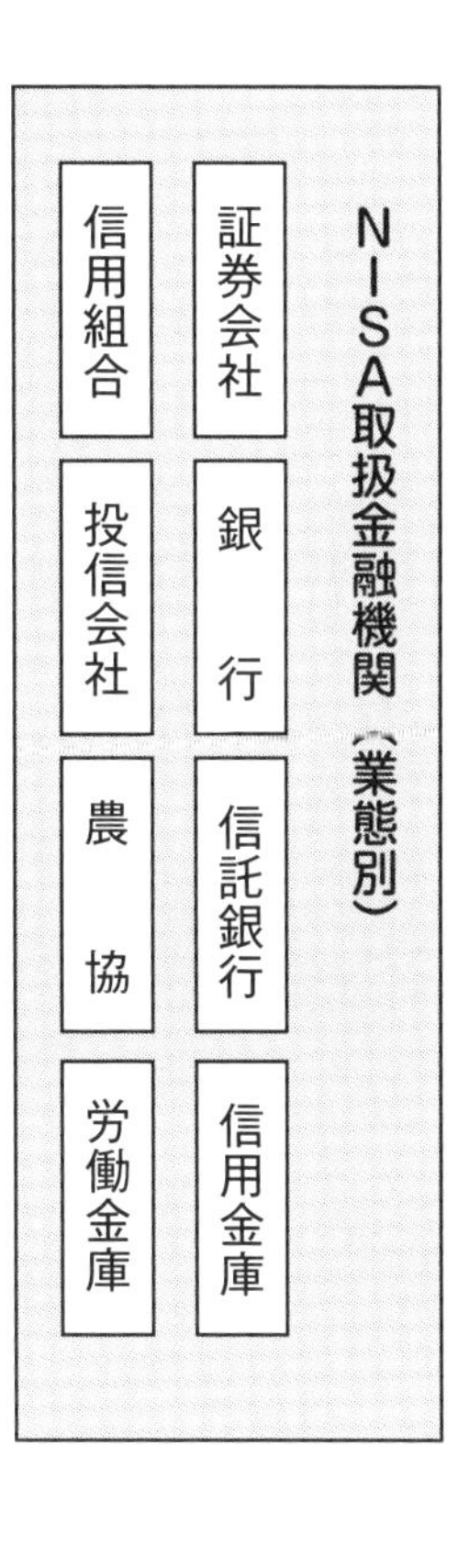

NISA取扱金融機関（業態別）
証券会社
銀　行
信託銀行
信用金庫
信用組合
投信会社
農　協
労働金庫

「あのね、少し選び方の説明をするとまず取扱金融機関の数はそもそも少ないんですよ。」

「はい。」

「最初は十分に多いと思っていたけど…　少ないというのは何と比べるかですね？」

「確かに株に比べれば少ないと思いました。

ここに並ばない金融機関の商品は「つみたてNISAでは儲からないので扱いたくない」と思っているのが本音です。だから「今回ここに並んでいるような会社はつみたてNISAに力を入れているということで個人投資家に対して誠実な業務姿勢を持っていると言えるのです。

しかし注意して欲しい点は次のようなファンドなのです。」

①各金融機関の取扱ファンドの一覧の中で、取扱ってないファンドは申し込めないです。金融庁の一覧には載っていても、各金融機関でそれを取り扱っていないと投資もできないということです。注意ですよね？

②つみたてNISAの売上成績達成だけが目当ての金融機関には注意です。これは、販売手数料欲しさに、誠実ではない可能性があるかです。

③ファンドを申し込む場合は、証券会社や銀行などの販売会社の窓口から申し込むこともできますが、運用を行っている投信会社に直接申し込むことも可能です。投資信託ファンドの運用会社から直接購入できる＝直販ということですね。その場合、一応、積立NISA対象外のファンドでないかどうかはチェックしておきましょう。

※投資信託は、投資信託の運用を実際に行う運用会社、ファンドの預かり資産（運用資産）の管理を行う信託会社（信託銀行）、そして、そのファンドを販売する販売会社（銀行／証券会社）によって構成されます。

投資信託とは、投資家から集めたお金をもとに、運用の専門家（ファンドマネジャー≒運用会社）が株や債券などの複数の商品に投資・運用することでリターンを目指す金融商品です。「(資産）を信じて託す（投げる)」。漢字で見てもまさに意味通りのサービス「投資信託」ですね。

つまり、投資家が運用の専門家であるファンドマネジャーを信じて、お金を託す（投資する）。その投資が成功すれば、お金が増えるので、この投資信託という仕組みは、あなたが銀行に預けたお金に利子がつく仕組みと似ていると言えるでしょう。

あなたが銀行に預けているお金は、銀行から企業や個人に貸し出され、利息（収益）を生んでいます。その収益の一部が預金者に利子として支払われているのです。

つみたてNISA取扱金融機関一覧（業態別・本店等所在地の都道府県別）

証券会社：64社		
都道府県	金融機関名（※）	本店等所在地
栃木県	とちぎんTT証券株式会社	栃木県宇都宮市池上町4-4
群馬県	ぐんぎん証券株式会社	群馬県前橋市本町2-2-11
埼玉県	東武証券株式会社	埼玉県春日部市粕壁1-1-1
	むさし証券株式会社	埼玉県さいたま市大宮区桜木町4-333-13
千葉県	ちばぎん証券株式会社	千葉県千葉市中央区中央2-5-1
東京都	藍澤證券株式会社	東京都中央区日本橋1-20-3
	あかつき証券株式会社	東京都中央区日本橋小舟町8-1
	いちよし証券株式会社	東京都中央区八丁堀2-14-1
	エイチ・エス証券株式会社	東京都新宿区西新宿6-8-1 住友不動産新宿オークタワー27階
	岡三証券株式会社	東京都中央区日本橋1-17-6
	株式会社SBI証券	東京都港区六本木1-6-1
	株式会社証券ジャパン	東京都中央区日本橋茅場町1-2-18
	株式会社ライブスター証券	東京都千代田区丸の内1-11-1 パシフィックセンチュリープレイス丸の内
	カブドットコム証券株式会社	東京都千代田区大手町1-3-2
	極東証券株式会社	東京都中央区日本橋茅場町1-4-7
	大和証券株式会社	東京都千代田区丸の内1-9-1
	立花証券株式会社	東京都中央区日本橋茅場町1-13-14
	tsumiki証券株式会社	東京都中野区中野4-3-2
	日産証券株式会社	東京都中央区日本橋蛎殻町1-38-11
	野村證券株式会社	東京都中央区日本橋1-9-1
	フィデリティ証券株式会社	東京都港区六本木7-7-7
	フィリップ証券株式会社	東京都中央区日本橋兜町4-2
	松井証券株式会社	東京都千代田区麹町1-4
	マネックス証券株式会社	東京都港区赤坂1-12-32 アーク森ビル25階
	丸三証券株式会社	東京都千代田区麹町3-3-6
	みずほ証券株式会社	東京都千代田区大手町1-5-1 大手町ファーストスクエア
	水戸証券株式会社	東京都中央区日本橋2-3-10
	山和証券株式会社	東京都中央区日本橋兜町1-8
	楽天証券株式会社	東京都世田谷区玉川1-14-1
神奈川県	浜銀TT証券株式会社	神奈川県横浜市西区みなとみらい3-1-1
新潟県	岡三にいがた証券株式会社	新潟県長岡市大手通1-5-5

	第四証券株式会社	新潟県長岡市城内町 3-8-26
長野県	長野證券株式会社	長野県長野市北石堂町 1448
静岡県	静銀ティーエム証券株式会社	静岡県静岡市葵区追手町 1-13
	静岡東海証券株式会社	静岡県静岡市葵区本通 1-2-13
愛知県	木村証券株式会社	愛知県名古屋市中区栄 3-8-21
	三縁証券株式会社	愛知県名古屋市中村区名駅南 1-24-30
	大万証券株式会社	愛知県名古屋市中区錦 3-11-31　錦 I・G ビル
	東海東京証券株式会社	愛知県名古屋市中村区名駅 4-7-1
	丸八証券株式会社	愛知県名古屋市中区新栄町 2-4
三重県	百五証券株式会社	三重県津市岩田 21-27
富山県	石動証券株式会社	富山県小矢部市本町 2-1
	ほくほく TT 証券株式会社	富山県富山市丸の内 1-8-10
石川県	今村証券株式会社	石川県金沢市十間町 25
	株式会社しん証券さかもと	石川県金沢市駅西本町 1-11-24
	竹松証券株式会社	石川県金沢市尾張町 1-1-22
福井県	益茂証券株式会社	福井県福井市中央 3-5-1
福井県	三津井証券株式会社	福井県福井市順化 1-21-1
京都府	西村証券株式会社	京都府京都市下京区四条通高倉西入立売西町 65
	丸近證券株式会社	京都府京都市下京区寺町通仏光寺下る恵美須之町 526
大阪府	エース証券株式会社	大阪府大阪市中央区本町 2-6-11
	池田泉州 TT 証券株式会社	大阪府大阪市北区豊崎 3-2-1 淀川 5 番館 12 階
	岩井コスモ証券株式会社	大阪府大阪市中央区今橋 1-8-12
	光世証券株式会社	大阪府大阪市中央区北浜 2-1-10
	高木証券株式会社	大阪府大阪市北区梅田 1-3-1-400
兵庫県	篠山証券株式会社	兵庫県篠山市東新町 220
島根県	ごうぎん証券株式会社	島根県松江市津田町 319-1
広島県	ひろぎん証券株式会社	広島県広島市中区立町 2-30
山口県	ワイエム証券株式会社	山口県下関市豊前田町 3-3-1
香川県	香川証券株式会社	香川県高松市磨屋町 4-8
愛媛県	四国アライアンス証券株式会社	愛媛県松山市三番町 5-10-1
福岡県	西日本シティ TT 証券株式会社	福岡県福岡市博多区博多駅前 1-3-6
	ふくおか証券株式会社	福岡県福岡市中央区天神 2-13-1
熊本県	九州 FG 証券株式会社	熊本県熊本市中央区紺屋町 1-13-5

銀行・信託銀行：112 社

都道府県	金融機関名（※）	本店等所在地
北海道	株式会社北洋銀行	北海道札幌市中央区大通西 3-7
	株式会社北海道銀行	北海道札幌市中央区大通西 4-1
青森県	株式会社青森銀行	青森県青森市橋本 1-9-30
	株式会社みちのく銀行	青森県青森市勝田 1-3-1
岩手県	株式会社岩手銀行	岩手県盛岡市中央通 1-2-3
	株式会社東北銀行	岩手県盛岡市内丸 3-1
	株式会社北日本銀行	岩手県盛岡市中央通 1-6-7
宮城県	株式会社七十七銀行	宮城県仙台市青葉区中央 3-3-20
秋田県	株式会社秋田銀行	秋田県秋田市山王 3-2-1
	株式会社北都銀行	秋田県秋田市中通 3-1-41
山形県	株式会社きらやか銀行	山形県山形市旅篭町 3-2-3
	株式会社荘内銀行	山形県鶴岡市本町 1-9-7
	株式会社山形銀行	山形県山形市七日町 3-1-2
福島県	株式会社大東銀行	福島県郡山市中町 19-1
	株式会社東邦銀行	福島県福島市大町 3-25
	株式会社福島銀行	福島県福島市万世町 2-5
茨城県	株式会社常陽銀行	茨城県水戸市南町 2-5-5
	株式会社筑波銀行	茨城県土浦市中央 2-11-7
栃木県	株式会社足利銀行	栃木県宇都宮市桜 4-1-25
	株式会社栃木銀行	栃木県宇都宮市西 2-1-18
群馬県	株式会社群馬銀行	群馬県前橋市元総社町 194
	株式会社東和銀行	群馬県前橋市本町 2-12-6
埼玉県	株式会社埼玉りそな銀行	埼玉県さいたま市浦和区常盤 7-4-1
	株式会社武蔵野銀行	埼玉県さいたま市大宮区大成町 3-261-2
千葉県	株式会社京葉銀行	千葉県千葉市中央区富士見 1-11-11
	株式会社千葉銀行	千葉県千葉市中央区千葉港 1-2
	株式会社千葉興業銀行	千葉県千葉市美浜区幸町 2-1-2
東京都	株式会社あおぞら銀行	東京都千代田区麹町 6-1-1
	株式会社イオン銀行	東京都江東区枝川 1-9-6
東京都	株式会社きらぼし銀行	東京都新宿区新宿 5-9-2
	株式会社ジャパンネット銀行	東京都新宿区西新宿 2-1-1
	株式会社新生銀行	東京都中央区日本橋室町 2-4-3
	株式会社東京スター銀行	東京都港区赤坂 2-3-5 赤坂スターゲートプラザ
	株式会社みずほ銀行	東京都千代田区大手町 1-5-5
	株式会社三井住友銀行	東京都千代田区丸の内 1-1-2
	株式会社三菱東京 UFJ 銀行	東京都千代田区丸の内 2-7-1
	株式会社ゆうちょ銀行	東京都千代田区丸の内 2-7-2
	三井住友信託銀行株式会社	東京都千代田区丸の内 1-4-1

	三菱UFJ信託銀行株式会社	東京都千代田区丸の内 1-4-5
神奈川県	株式会社神奈川銀行	神奈川県横浜市中区長者町 9-166
	株式会社横浜銀行	神奈川県横浜市西区みなとみらい 3-1-1
新潟県	株式会社大光銀行	新潟県長岡市大手通 1-5-6
	株式会社第四銀行	新潟県新潟市中央区東堀前通七番町 1071-1
	株式会社北越銀行	新潟県長岡市大手通 2-2-14
山梨県	株式会社山梨中央銀行	山梨県甲府市丸の内 1-20-8
長野県	株式会社長野銀行	長野県松本市渚 2-9-38
	株式会社八十二銀行	長野県長野市大字中御所字岡田 178-8
岐阜県	株式会社大垣共立銀行	岐阜県大垣市郭町 3-98
	株式会社十六銀行	岐阜県岐阜市神田町 8-26
静岡県	株式会社静岡銀行	静岡県静岡市葵区呉服町 1-10
	株式会社静岡中央銀行	静岡県沼津市大手町 4-76
	株式会社清水銀行	静岡県静岡市清水区富士見町 2-1
	スルガ銀行株式会社	静岡県沼津市通横町 23
愛知県	株式会社愛知銀行	愛知県名古屋市中区栄 3-14-12
	株式会社中京銀行	愛知県名古屋市中区栄 3-33-13
	株式会社名古屋銀行	愛知県名古屋市中区錦 3-19-17
三重県	株式会社第三銀行	三重県松阪市京町 510
	株式会社百五銀行	三重県津市岩田 21-27
	株式会社三重銀行	三重県四日市市西新地 7-8
富山県	株式会社富山銀行	富山県高岡市守山町 22
	株式会社富山第一銀行	富山県富山市西町 5-1
	株式会社北陸銀行	富山県富山市堤町通り 1-2-26
石川県	株式会社北國銀行	石川県金沢市広岡 2-12-6
福井県	株式会社福井銀行	福井県福井市順化 1-1-1
	株式会社福邦銀行	福井県福井市順化 1-6-9
滋賀県	株式会社滋賀銀行	滋賀県大津市浜町 1-38
京都府	株式会社京都銀行	京都府京都市下京区烏丸通松原上る薬師前町 700
大阪府	株式会社池田泉州銀行	大阪府大阪市北区茶屋町 18-14
	株式会社関西アーバン銀行	大阪府大阪市中央区西心斎橋 1-2-4
	株式会社近畿大阪銀行	大阪府大阪市中央区備後町 2-2-1
	株式会社大正銀行	大阪府大阪市中央区今橋 2-5-8
	株式会社りそな銀行	大阪府大阪市中央区備後町 2-2-1
兵庫県	株式会社但馬銀行	兵庫県豊岡市千代田町 1-5
	株式会社みなと銀行	兵庫県神戸市中央区三宮町 2-1-1
奈良県	株式会社南都銀行	奈良県奈良市橋本町 16
和歌山県	株式会社紀陽銀行	和歌山県和歌山市本町 1-35
鳥取県	株式会社鳥取銀行	鳥取県鳥取市永楽温泉町 171
	株式会社山陰合同銀行	島根県松江市魚町 10
鳥取県	株式会社島根銀行	島根県松江市朝日町 484-19
岡山県	株式会社中国銀行	岡山県岡山市北区丸の内 1-15-20
	株式会社トマト銀行	岡山県岡山市北区番町 2-3-4
広島県	株式会社広島銀行	広島県広島市中区紙屋町 1-3-8
	株式会社もみじ銀行	広島県広島市中区胡町 1-24
山口県	株式会社山口銀行	山口県下関市竹崎町 4-2-36
徳島県	株式会社阿波銀行	徳島県徳島市西船場町 2-24-1
	株式会社徳島銀行	徳島県徳島市富田浜 1-41
香川県	株式会社香川銀行	香川県高松市亀井町 7-9
	株式会社百十四銀行	香川県高松市亀井町 5-1
愛媛県	株式会社伊予銀行	愛媛県松山市南堀端町 1
	株式会社愛媛銀行	愛媛県松山市勝山町 2-1
高知県	株式会社四国銀行	高知県高知市南はりまや町 1-1-1
	株式会社高知銀行	高知県高知市堺町 2-24
福岡県	株式会社北九州銀行	福岡県北九州市小倉北区堺町 1-1-10
	株式会社筑邦銀行	福岡県久留米市諏訪野町 2456-1
	株式会社西日本シティ銀行	福岡県福岡市博多区博多駅前 3-1-1
	株式会社福岡銀行	福岡県福岡市中央区天神 2-13-1
	株式会社福岡中央銀行	福岡県福岡市中央区大名 2-12-1
佐賀県	株式会社佐賀共栄銀行	佐賀県佐賀市松原 4-2-12
	株式会社佐賀銀行	佐賀県佐賀市唐人 2-7-20
長崎県	株式会社十八銀行	長崎県長崎市銅座町 1-11
	株式会社親和銀行	長崎県佐世保市島瀬町 10-12
熊本県	株式会社熊本銀行	熊本県熊本市中央区水前寺 6-29-20
	株式会社肥後銀行	熊本県熊本市中央区練兵町 1
大分県	株式会社大分銀行	大分県大分市府内町 3-4-1
	株式会社豊和銀行	大分県大分市王子中町 4-10
宮崎県	株式会社宮崎銀行	宮崎県宮崎市橘通東 4-3-5
宮崎県	株式会社宮崎太陽銀行	宮崎県宮崎市広島 2-1-31
鹿児島県	株式会社鹿児島銀行	鹿児島県鹿児島市金生町 6-6
	株式会社南日本銀行	鹿児島県鹿児島市山下町 1-1
沖縄県	株式会社沖縄海邦銀行	沖縄県那覇市久茂地 2-9-12
	株式会社沖縄銀行	沖縄県那覇市久茂地 3-10-1
	株式会社琉球銀行	沖縄県那覇市久茂地 1-11-1

信用金庫：126社		
都道府県	金融機関名（※）	本店等所在地
北海道	旭川信用金庫	北海道旭川市4条通8
	帯広信用金庫	北海道帯広市西3条南7-2
	北海道信用金庫	北海道札幌市中央区南2条西3-15-1
青森県	青い森信用金庫	青森県八戸市大字八日町18
宮城県	石巻信用金庫	宮城県石巻市中央3-6-21
	杜の都信用金庫	宮城県仙台市青葉区国分町3-1-2
山形県	鶴岡信用金庫	山形県鶴岡市本町二丁目6-25
	山形信用金庫	山形県山形市白山1-10-3
	米沢信用金庫	山形県米沢市大町5-4-27
福島県	会津信用金庫	福島県会津若松市馬場町2-16
	あぶくま信用金庫	福島県南相馬市原町区栄町2-4
	郡山信用金庫	福島県郡山市清水台2-13-26
福島県	白河信用金庫	福島県白河市大手町14-6
	須賀川信用金庫	福島県須賀川市宮先町31
	二本松信用金庫	福島県二本松市本町2-64
	福島信用金庫	福島県福島市万世町1-5
茨城県	水戸信用金庫	茨城県水戸市城南2-2-21
	結城信用金庫	茨城県結城市大字結城557
栃木県	栃木信用金庫	栃木県栃木市万町9-28
群馬県	アイオー信用金庫	群馬県伊勢崎市中央町20-17
	北群馬信用金庫	群馬県渋川市石原203-3
	桐生信用金庫	群馬県桐生市錦町2-15-21
	しののめ信用金庫	群馬県富岡市富岡1123
	高崎信用金庫	群馬県高崎市飯塚町1200-1
	利根郡信用金庫	群馬県沼田市東原新町1540
埼玉県	青木信用金庫	埼玉県川口市中青木2-13-21
	埼玉縣信用金庫	埼玉県熊谷市本町1-130-1
	飯能信用金庫	埼玉県飯能市栄町24-9
千葉県	千葉信用金庫	千葉県千葉市中央区中央2-4-1
東京都	朝日信用金庫	東京都台東区台東2-8-2
	足立成和信用金庫	東京都足立区千住1-4-16
	亀有信用金庫	東京都葛飾区亀有3-13-1
	さわやか信用金庫	東京都港区三田5-21-5
	芝信用金庫	東京都港区新橋6-23-1
	城北信用金庫	東京都荒川区荒川3-79-7
	西武信用金庫	東京都中野区中野2-29-10
	多摩信用金庫	東京都立川市曙町2-8-28
	東京東信用金庫	東京都墨田区東向島2-36-10
神奈川県	かながわ信用金庫	神奈川県横須賀市大滝町1-28
	川崎信用金庫	神奈川県川崎市川崎区砂子2-11-1
	平塚信用金庫	神奈川県平塚市紅谷町11-19
	横浜信用金庫	神奈川県横浜市中区尾上町2-16-1
新潟県	柏崎信用金庫	新潟県柏崎市東本町1-2-16
	三条信用金庫	新潟県三条市旭町2-5-10
	新潟信用金庫	新潟県新潟市中央区西堀通五番町855-1
山梨県	甲府信用金庫	山梨県甲府市丸の内2-33-1
長野県	アルプス中央信用金庫	長野県伊那市荒井3438-1
	飯田信用金庫	長野県飯田市本町1-2
	上田信用金庫	長野県上田市材木町1-17-12
	諏訪信用金庫	長野県岡谷市郷田2-1-8
	長野信用金庫	長野県長野市大字鶴賀133-1
	松本信用金庫	長野県松本市丸の内1-1
岐阜県	大垣西濃信用金庫	岐阜県大垣市恵比寿町1-1
	岐阜信用金庫	岐阜県岐阜市神田町6-11
	関信用金庫	岐阜県関市東貸上12-1
	高山信用金庫	岐阜県高山市下一之町63
	東濃信用金庫	岐阜県多治見市本町2-5-1
	八幡信用金庫	岐阜県郡上市八幡町新町961
静岡県	磐田信用金庫	静岡県磐田市中泉1-2-1
	遠州信用金庫	静岡県浜松市中区中沢町81-18
	静清信用金庫	静岡県静岡市葵区昭和町2-1
静岡県	沼津信用金庫	静岡県沼津市大手町5-6-16
	浜松信用金庫	静岡県浜松市中区元城町114-8
	富士信用金庫	静岡県富士市青島町212
	富士宮信用金庫	静岡県富士宮市元城町31-15
	三島信用金庫	静岡県三島市芝本町12-3
	焼津信用金庫	静岡県焼津市栄町3-5-14
愛知県	いちい信用金庫	愛知県一宮市若竹3-2-2
	岡崎信用金庫	愛知県岡崎市菅生町字元菅41
	蒲郡信用金庫	愛知県蒲郡市神明町4-25

	瀬戸信用金庫	愛知県瀬戸市東横山町119-1
	東春信用金庫	愛知県小牧市中央1-231-1
	豊川信用金庫	愛知県豊川市末広通3-34-1
	豊田信用金庫	愛知県豊田市元城町1-48
	豊橋信用金庫	愛知県豊橋市小畷町579
	西尾信用金庫	愛知県西尾市寄住町洲田51
	半田信用金庫	愛知県半田市御幸町8
	尾西信用金庫	愛知県一宮市篭屋1-4-3
	碧海信用金庫	愛知県安城市御幸本町15-1
三重県	北伊勢上野信用金庫	三重県四日市市安島2-2-3
	桑名信用金庫	三重県桑名市大央町20
富山県	富山信用金庫	富山県富山市室町通り1-1-32
石川県	興能信用金庫	石川県鳳珠郡能登町字宇出津ム字45-1
	のと共栄信用金庫	石川県七尾市桧物町35
福井県	越前信用金庫	福井県大野市日吉町2-19
	福井信用金庫	福井県福井市田原2-3-1
滋賀県	湖東信用金庫	滋賀県東近江市青葉町1-1
	長浜信用金庫	滋賀県長浜市元浜町3-3
京都府	京都信用金庫	京都府京都市下京区四条通柳馬場東入立売東町7
	京都中央信用金庫	京都府京都市下京区四条通室町東入函谷鉾町91
	京都北都信用金庫	京都府宮津市字鶴賀2054-1
大阪府	永和信用金庫	大阪府大阪市浪速区日本橋4-7-20
	大阪シティ信用金庫	大阪府大阪市中央区北浜2-5-4
	大阪信用金庫	大阪府大阪市天王寺区上本町8-9-14
	北おおさか信用金庫	大阪府茨木市西駅前町9-32
兵庫県	尼崎信用金庫	兵庫県尼崎市開明町3-30
	神戸信用金庫	兵庫県神戸市中央区浪花町61
	但馬信用金庫	兵庫県豊岡市中央町17-8
	播州信用金庫	兵庫県姫路市南駅前町110
	姫路信用金庫	兵庫県姫路市十二所前町105
	兵庫信用金庫	兵庫県姫路市北条口3-27
奈良県	奈良信用金庫	奈良県大和郡山市南郡山町529-6
	奈良中央信用金庫	奈良県磯城郡田原本町132-10
	大和信用金庫	奈良県桜井市桜井281-11
和歌山県	きのくに信用金庫	和歌山県和歌山市本町2-38
鳥取県	鳥取信用金庫	鳥取県鳥取市栄町645
	米子信用金庫	鳥取県米子市東福原2-5-1
島根県	しまね信用金庫	島根県松江市御手船場町557-4
岡山県	おかやま信用金庫	岡山県岡山市北区柳町1-11-21
	吉備信用金庫	岡山県総社市中央2-1-1
岡山県	玉島信用金庫	岡山県倉敷市玉島1438
	津山信用金庫	岡山県津山市山下30-15
	日生信用金庫	岡山県備前市日生町日生888-5
	備前信用金庫	岡山県備前市伊部1660-7
	備北信用金庫	岡山県高梁市正宗町1964-1
	水島信用金庫	岡山県倉敷市水島西常盤町8-23
広島県	呉信用金庫	広島県呉市本通2-2-15
	広島信用金庫	広島県広島市中区富士見町3-15
山口県	西中国信用金庫	山口県下関市細江町1-1-8
香川県	観音寺信用金庫	香川県観音寺市観音寺町甲3377-3
	高松信用金庫	香川県高松市瓦町1-9-2
愛媛県	愛媛信用金庫	愛媛県松山市二番町4-2-11
福岡県	遠賀信用金庫	福岡県遠賀郡水巻町頃末北4-6-18
	福岡ひびき信用金庫	福岡県北九州市八幡東区尾倉2-8-1
熊本県	熊本第一信用金庫	熊本県熊本市中央区花畑町10-29
宮崎県	高鍋信用金庫	宮崎県児湯郡高鍋町大字高鍋町673

信用組合：13社

都道府県	金融機関名（※）	本店等所在地
福島県	いわき信用組合	福島県いわき市小名浜花畑町2-5
群馬県	群馬県信用組合	群馬県安中市原市668-6
千葉県	銚子商工信用組合	千葉県銚子市東芝町1-19
東京都	青和信用組合	東京都葛飾区高砂3-12-2
	第一勧業信用組合	東京都新宿区四谷2-13
新潟県	新潟縣信用組合	新潟県新潟市中央区営所通一番町302-1
山梨県	都留信用組合	山梨県富士吉田市下吉田2-19-11
長野県	長野県信用組合	長野県長野市新田町1103-1
岐阜県	飛騨信用組合	岐阜県高山市花岡町1-13-1
大阪府	近畿産業信用組合	大阪府大阪市天王寺区筆ヶ崎町2-8
兵庫県	兵庫県信用組合	兵庫県神戸市中央区栄町通3-4-17
岡山県	笠岡信用組合	岡山県笠岡市笠岡2388-40
長崎県	長崎三菱信用組合	長崎県長崎市水の浦町1-2

投信会社：5社		
都道府県	金融機関名（※）	本店等所在地
東京都	コモンズ投信株式会社	東京都千代田区平河町2-4-5
	セゾン投信株式会社	東京都豊島区東池袋3-1-1
	三井住友アセットマネジメント株式会社	東京都港区愛宕2-5-1
	レオス・キャピタルワークス株式会社	東京都千代田区丸の内1-11-1
神奈川県	鎌倉投信株式会社	神奈川県鎌倉市雪ノ下4-5-9

農協：226社（一部抜粋）		
都道府県	金融機関名（※）	本店等所在地
北海道	北海道信用農業協同組合連合会	北海道札幌市中央区北4条西1-1
岩手県	岩手江刺農業協同組合	岩手県奥州市江刺区岩谷堂字反町362-1
	岩手県信用農業協同組合連合会	岩手県盛岡市大通1-2-1
	岩手中央農業協同組合	岩手県紫波郡紫波町桜町字上野沢38-1
宮城県	あさひな農業協同組合	宮城県黒川郡大和町吉岡南3-6-2
	いしのまき農業協同組合	宮城県石巻市中里5-1-12
	栗っこ農業協同組合	宮城県栗原市志波姫堀口見渡2-1
	仙台農業協同組合	宮城県仙台市宮城野区新田東2-15-2
	みやぎ仙南農業協同組合	宮城県柴田郡柴田町西船迫1-10-3
秋田県	秋田しんせい農業協同組合	秋田県由利本荘市荒町字塒台1-1
山形県	さがえ西村山農業協同組合	山形県寒河江市中央工業団地75
	鶴岡市農業協同組合	山形県鶴岡市日吉町3-3
	山形おきたま農業協同組合	山形県東置賜郡川西町大字上小松978-1
	山形農業協同組合	山形県山形市旅篭町1-12-35
福島県	福島さくら農業協同組合	福島県郡山市朝日2-14-7
	ふくしま未来農業協同組合	福島県福島市北矢野目字原田東1-1
茨城県	茨城県信用農業協同組合連合会	茨城県水戸市梅香1-1-4
	土浦農業協同組合	茨城県土浦市田中1-1-4
	北つくば農業協同組合	茨城県筑西市岡芹2222
	水戸農業協同組合	茨城県水戸市赤塚2-27
栃木県	那須南農業協同組合	栃木県那須郡那珂川町白久10
	はが野農業協同組合	栃木県真岡市八条95
群馬県	佐波伊勢崎農業協同組合	群馬県伊勢崎市連取町3096-1
	高崎市農業協同組合	群馬県高崎市新保町1482
	前橋市農業協同組合	群馬県前橋市富田町2400-1
埼玉県	あさか野農業協同組合	埼玉県新座市野火止4-5-21
	くまがや農業協同組合	埼玉県熊谷市箱田5-8-2
	越谷市農業協同組合	埼玉県越谷市七左町7-209-1
	埼玉県信用農業協同組合連合会	埼玉県さいたま市浦和区高砂3-12-9
	埼玉中央農業協同組合	埼玉県東松山市加美町1-20
	さいたま農業協同組合	埼玉県さいたま市見沼区東大宮4-21-1
	埼玉みずほ農業協同組合	埼玉県幸手市東3-10-43
	ふかや農業協同組合	埼玉県深谷市内ヶ島728-1
千葉県	市川市農業協同組合	千葉県市川市北方町4-1352-2
東京都	東京都信用農業協同組合連合会	東京都立川市柴崎町3-5-25
神奈川県	厚木市農業協同組合	神奈川県厚木市水引2-9-2
	伊勢原市農業協同組合	神奈川県伊勢原市田中250
	相模原市農業協同組合	神奈川県相模原市中央区中央6-10-10
	湘南農業協同組合	神奈川県平塚市八重咲町3-8
	セレサ川崎農業協同組合	神奈川県川崎市宮前区宮崎2-13-38
	秦野市農業協同組合	神奈川県秦野市平沢477
	よこすか葉山農業協同組合	神奈川県横須賀市林3-1-11
	横浜農業協同組合	神奈川県横浜市旭区二俣川1-6-21
新潟県	越後おぢや農業協同組合	新潟県小千谷市城内4-1-55
	えちご上越農業協同組合	新潟県上越市藤巻5-30
	越後中央農業協同組合	新潟県新潟市西蒲区漆山8833
	越後ながおか農業協同組合	新潟県長岡市今朝白2-7-25
	北魚沼農業協同組合	新潟県魚沼市中原258-3
	佐渡農業協同組合	新潟県佐渡市原黒300-1
	胎内市農業協同組合	新潟県胎内市本郷字家の下493-2
	十日町農業協同組合	新潟県十日町市高山641-1
	にいがた岩船農業協同組合	新潟県村上市田端町8-5
	新潟県信用農業協同組合連合会	新潟県新潟市中央区東中通一番町189-3
	新潟市農業協同組合	新潟県新潟市東区海老ヶ瀬512-1
	新津さつき農業協同組合	新潟県新潟市秋葉区小戸下組2224
	北越後農業協同組合	新潟県新発田市島潟字弁天1341-1
長野県	あづみ農業協同組合	長野県安曇野市豊科4270-6
	上伊那農業協同組合	長野県伊那市狐島4291
	佐久浅間農業協同組合	長野県佐久市猿久保882
	塩尻市農業協同組合	長野県塩尻市大門六番町3-56
	信州うえだ農業協同組合	長野県上田市大手2-7-10
	信州諏訪農業協同組合	長野県諏訪市大字四賀字広瀬橋通7841
	長野県信用農業協同組合連合会	長野県長野市大字南長野北石堂町1177-3

	ながの農業協同組合	長野県長野市大字中御所字岡田131-14
	長野八ヶ岳農業協同組合	長野県南佐久郡南牧村大字野辺山106-1
	松本ハイランド農業協同組合	長野県松本市南松本1-2-16
岐阜県	いび川農業協同組合	岐阜県揖斐郡揖斐川町上南方15
	岐阜県信用農業協同組合連合会	岐阜県岐阜市宇佐南4-13-1
	ぎふ農業協同組合	岐阜県岐阜市司町37
	陶都信用農業協同組合	岐阜県多治見市音羽町3-23
	西美濃農業協同組合	岐阜県大垣市東前町955-1
	東美濃農業協同組合	岐阜県中津川市茄子川1646-19
	飛騨農業協同組合	岐阜県高山市冬頭町1-1
	めぐみの農業協同組合	岐阜県関市若草通1-1
静岡県	あいら伊豆農業協同組合	静岡県伊東市宇佐美1808-1
	伊豆の国農業協同組合	静岡県伊豆の国市南條800
	遠州中央農業協同組合	静岡県磐田市見付3599-1
	遠州夢咲農業協同組合	静岡県菊川市下平川6265
	大井川農業協同組合	静岡県藤枝市緑の丘1-1
	掛川市農業協同組合	静岡県掛川市千羽100-1
	御殿場農業協同組合	静岡県御殿場市茱萸沢5
	静岡県信用農業協同組合連合会	静岡県静岡市駿河区曲金3-8-1
	静岡市農業協同組合	静岡県静岡市駿河区曲金5-4-70
	清水農業協同組合	静岡県静岡市清水区庵原町1
	とぴあ浜松農業協同組合	静岡県浜松市東区有玉南町1975
	南駿農業協同組合	静岡県沼津市下香貫字上障子415-1
	富士市農業協同組合	静岡県富士市青島200-1
	富士宮農業協同組合	静岡県富士宮市外神東町117
	三島函南農業協同組合	静岡県三島市谷田字城の内141-1
	三ケ日町農業協同組合	静岡県浜松市北区三ヶ日町三ヶ日885
愛知県	あいち海部農業協同組合	愛知県津島市大縄町9-63
	愛知北農業協同組合	愛知県江南市古知野町熱田72
	愛知県信用農業協同組合連合会	愛知県名古屋市中区錦3-3-8
	あいち中央農業協同組合	愛知県安城市御幸本町9-6
	あいち豊田農業協同組合	愛知県豊田市西町4-5
	愛知東農業協同組合	愛知県新城市平井字中田6-1
	あいち三河農業協同組合	愛知県岡崎市坂左右町字葦ノ部18-1
	愛知みなみ農業協同組合	愛知県田原市古田町岡ノ越6-4
	尾張中央農業協同組合	愛知県小牧市高根2-7-1
	蒲郡市農業協同組合	愛知県蒲郡市宮成町2-1
	豊橋農業協同組合	愛知県豊橋市野依町字西川5
	なごや農業協同組合	愛知県名古屋市東区代官町33-27
	西春日井農業協同組合	愛知県北名古屋市西之保南若11
	西三河農業協同組合	愛知県西尾市寄住町下田15
三重県	伊賀北部農業協同組合	三重県伊賀市平野西町1-1
	伊勢農業協同組合	三重県度会郡度会町大野木1858
	鈴鹿農業協同組合	三重県鈴鹿市地子町1268
	津安芸農業協同組合	三重県津市一色町211
	三重北農業協同組合	三重県四日市市浜田町4-20
	三重県信用農業協同組合連合会	三重県津市栄町1-960
石川県	石川かほく農業協同組合	石川県河北郡津幡町字清水チ329
	石川県信用農業協同組合連合会	石川県金沢市古府1-220
	加賀農業協同組合	石川県加賀市作見町ホ10-1
	金沢市農業協同組合	石川県金沢市松寺町未59-1
	金沢中央農業協同組合	石川県金沢市入江1-1
	小松市農業協同組合	石川県小松市上小松町丙252
	能登わかば農業協同組合	石川県七尾市矢田新町イ部6-7
	能美農業協同組合	石川県能美市粟生町ヨ1
福井県	福井県信用農業協同組合連合会	福井県福井市大手3-2-18
滋賀県	おうみ冨士農業協同組合	滋賀県守山市吉身3-7-6
	北びわこ農業協同組合	滋賀県長浜市湖北町速水2721
	グリーン近江農業協同組合	滋賀県東近江市八日市町1-17
	甲賀農業協同組合	滋賀県甲賀市水口町水口6111-1
	滋賀県信用農業協同組合連合会	滋賀県大津市京町4-3-38
	東びわこ農業協同組合	滋賀県彦根市川瀬馬場町922-1
京都府	京都府信用農業協同組合連合会	京都府京都市伏見区中島北ノ口町6
大阪府	いずみの農業協同組合	大阪府岸和田市別所町3-13-20
	茨木市農業協同組合	大阪府茨木市上穂積2-1-50
	大阪市農業協同組合	大阪府大阪市平野区加美鞍作2-2-1
	大阪泉州農業協同組合	大阪府泉佐野市日根野4010-1
	大阪府信用農業協同組合連合会	大阪府大阪市中央区高麗橋3-3-7
	大阪南農業協同組合	大阪府富田林市甲田3-4-10
	北大阪農業協同組合	大阪府吹田市山田西4-15-1
	北河内農業協同組合	大阪府枚方市大垣内町2-1-11
	堺市農業協同組合	大阪府堺市西区上野芝町2-1-1
兵庫県	相生市農業協同組合	兵庫県相生市大石町19-1
	あかし農業協同組合	兵庫県明石市大久保町駅前1-7-4

	あわじ島農業協同組合	兵庫県南あわじ市市青木18-1
	淡路日の出農業協同組合	兵庫県淡路市志筑3112-14
	加古川市南農業協同組合	兵庫県加古川市野口町野口55-1
	丹波ささやま農業協同組合	兵庫県篠山市大沢438-1
	丹波ひかみ農業協同組合	兵庫県丹波市氷上町市辺440
	ハリマ農業協同組合	兵庫県宍粟市一宮町東市場429-1
	兵庫県信用農業協同組合連合会	兵庫県神戸市中央区海岸通1
	兵庫西農業協同組合	兵庫県姫路市三左衛門堀西の町216
	兵庫南農業協同組合	兵庫県加古川市加古川町寺家町45
	兵庫六甲農業協同組合	兵庫県神戸市北区有野中野2-12-13
	みのり農業協同組合	兵庫県加東市社1777-1
奈良県	奈良県農業協同組合	奈良県奈良市大森町57-3
和歌山県	ありだ農業協同組合	和歌山県有田郡有田川町大字天満47-1
	紀州農業協同組合	和歌山県御坊市湯川町財部668-1
	紀の里農業協同組合	和歌山県紀の川市上野12-5
	紀北川上農業協同組合	和歌山県橋本市高野口町名古曽922-2
	ながみね農業協同組合	和歌山県海南市大野中718-1
	和歌山県信用農業協同組合連合会	和歌山県和歌山市美園町5-1-1
	わかやま農業協同組合	和歌山県和歌山市栗栖642
鳥取県	鳥取いなば農業協同組合	鳥取県鳥取市行徳1-103
	鳥取西部農業協同組合	鳥取県米子市東福原1-5-16
	鳥取中央農業協同組合	鳥取県倉吉市越殿町1409
島根県	島根県農業協同組合	島根県松江市殿町19-1
広島県	佐伯中央農業協同組合	広島県廿日市市宮内4473-1
	広島県信用農業協同組合連合会	広島県広島市中区大手町4-6-1
	広島市農業協同組合	広島県広島市安佐南区中筋3-26-16
	広島中央農業協同組合	広島県東広島市西条栄町10-35
	三次農業協同組合	広島県三次市十日市東3-1-1
山口県	岩国市農業協同組合	山口県岩国市麻里布町6-7-27
	下関農業協同組合	山口県下関市秋根北町4-1
	周南農業協同組合	山口県下松市西柳2-3-48
	長門大津農業協同組合	山口県長門市東深川1941
	南すおう農業協同組合	山口県柳井市中央3-16-1
	山口宇部農業協同組合	山口県宇部市大字川上字小羽山74
	山口県信用農業協同組合連合会	山口県山口市小郡下郷2139
	山口中央農業協同組合	山口県山口市維新公園3-11-1
	山口東農業協同組合	山口県岩国市多田97-2
徳島県	徳島県信用農業協同組合連合会	徳島県徳島市北佐古一番町5-12
	徳島市農業協同組合	徳島県徳島市万代町5-71-11
香川県	香川県信用農業協同組合連合会	香川県高松市寿町1-1-12
	香川県農業協同組合	香川県高松市西の丸町14-7
愛媛県	越智今治農業協同組合	愛媛県今治市北宝来町1-1-5
高知県	高知県信用農業協同組合連合会	高知県高知市北御座2-27
	高知市農業協同組合	高知県高知市高須東町4-8
	土佐あき農業協同組合	高知県安芸市幸町1-16
福岡県	福岡県信用農業協同組合連合会	福岡県福岡市中央区天神4-10-12
	福岡八女農業協同組合	福岡県八女市本村420-1
佐賀県	佐賀県信用農業協同組合連合会	佐賀県佐賀市栄町3-32
大分県	大分県信用農業協同組合連合会	大分県大分市舞鶴町1-4-15
宮崎県	延岡農業協同組合	宮崎県延岡市川原崎町281-1
	宮崎県信用農業協同組合連合会	宮崎県宮崎市霧島1-1-1
	宮崎中央農業協同組合	宮崎県宮崎市丸島町1-17
沖縄県	沖縄県農業協同組合	沖縄県那覇市楚辺2-33-18

労働金庫：13社

都道府県	金融機関名（※）	本店等所在地
北海道	北海道労働金庫	北海道札幌市中央区北1条西5-3-10
宮城県	東北労働金庫	宮城県仙台市青葉区北目町1-15
東京都	中央労働金庫	東京都千代田区神田駿河台2-5
新潟県	新潟県労働金庫	新潟県新潟市中央区寄居町332-38
長野県	長野県労働金庫	長野県長野市県町523
静岡県	静岡県労働金庫	静岡県静岡市葵区黒金町5-1
愛知県	東海労働金庫	愛知県名古屋市中区新栄1-7-12
石川県	北陸労働金庫	石川県金沢市芳斉2-15-18
大阪府	近畿労働金庫	大阪府大阪市西区江戸堀1-12-1
広島県	中国労働金庫	広島県広島市南区稲荷町1-14
香川県	四国労働金庫	香川県高松市浜ノ町72-3
福岡県	九州労働金庫	福岡県福岡市中央区大手門3-3-3
沖縄県	沖縄県労働金庫	沖縄県那覇市旭町1-9

※本一覧は、各金融機関を本店等所在地の都道府県別に並べたものです。但し、都市銀行やゆうちょ銀行、証券会社等、全国に支店を有する金融機関もあります。各支店におけるつみたてNISAの取扱いの有無等、詳細については各金融機関にお問い合わせください。

5・1、000万円のロードマップは完成した

夢の宝探しも大詰めになってきました。最後はさわかみの人に頼んで20年くらい経っている実績を実際に見せてもらうことでした。

これなら20年で1、000万円のロードマップが非課税枠で実現できますね。

え？　1、000万円ですか？　私はなんと2020年に1、000万円が作れるものだと勘違いしてしまいました。2020年には私の貯金はコツコツつみたてNISAのおかげで1、000万円になるんだぁ。夢広がる。こんな数年で、1、000万円作れるならもっと早くやっておけば良かった。

それにこれからも2020年に終わらせないで継続すればミリオネアにもなれるんじゃないのかな？　やっぱりお金に働いてもらうってレバレッジが効いて凄いんだな。凄い凄いとは思っていたけれどこんなに簡単に1、000万円が手に入るなんてこれまで必死に調べて

きて本当に良かった。この1、000万円をまた次の投資に回してどんどん増やしていけばいいんだもんね？

2倍になるなら1回目2、000万円。2回目4、000万円。3回目8、000万円4回目、1億6、000万円。

この金額の達成が半年なのか　1年なのか　2年なのかは分からないけれど私にもミリオネアの道が見えてきたかもしれない。早くそういう身分になりたい。

浮かれポンチの私はつみたてNISAで1、000万円が、20年後の話だとはなかなか気がつかずに夢見る日を過ごしていました。

第4章

お金はまったく
ないけれど

1・これなら勉強していない私でもできる

お金がなくてもできるのがつみたてＮＩＳＡです。非課税などのメリットもあるからなおさら良い商品です。

だけどどれを選んでも良いのか？　というとそうではなくて中には爆弾のようなものもあることも分かりました。

爆弾とはまさに爆発したら死にも至らしめられるかもしれないような危険性を持っています。

老後の私には特に注意が必要なのです。とにかく解約せず、ずっと資産を増やし続けてくれたらいいのです。

それは素人の私が選んで勝てるのか？　という話なのです。それは頼りないですよね？

読者のあなたはそう思われても仕方ありません。そこで今回は頭を下げて私から、プロの投資家さんに全部、調べてもらって監修していただきました。だから私もあなたも教えてもらえることを真似して実践すれば良いだけになったのです。

プロの投資家さんと同じように宝に投資すれば良いということが分かると思います。宝はいくつか残りましたのでその中からは、あなたのポートフォリオにあった選び方をしてみてください。

自分でやらなくて良いとか自分で毎回頭を悩まして株のように選定していかなくても良いというのは凄くメリットだと思います。その夜私は久しぶりに変な夢を見ました。それは、夢にご先祖様が出てきて「お金がないからやらないでは老後もっとお金がなくなるのは危険な考えだ。」と叱られました。

「やらないなんて言ってないよ。ただ毎月3万円をどうやって作れば良いかを考えているだけ」と私は泣きながら答えました。ご先祖様は続けて言います。

「働けるうちに資産形成していかないと動けなくなってからでは遅いんです。」

「分かっているよ。今だったら足りないお金はアルバイトをしてでも稼いでおこうって思っているんだよ」

私は朝自分の頬につたう涙の冷たさで目が覚めました。夢みたいな時間からは卒業しなければいけないな。現実的に働きださなければ。1、000万円作れることが分かったからそのうちの一部を恵まれない子供達に寄付するぞ。

今までは家族や自分好きな人のためだけにお金を使ってきてしまったけれどこれから私がやってみたいと思う社会貢献にも少し動きだしてみよう。

そんな高額じゃなくてもいいんだもの。3%だけでも1%だけでも救われる子供達がいます。そうしたら、1、000万円の3%は30万円だし1%で、10万円だし今度はきちんと計算できるようにしていこうと思いました。

②・どうしよう？　どうしよう？

久しぶりの友達との飲み会にニコニコして参加した私に早速「顔がにやついている、何かいいことでもあったの？」と聞かれました。

私は今回の一連の流れを話して１、０００万円の資産形成に成功したと友人にお知らせをしました。そうしたら、「教えて。教えて。」という話になり今度マレーシアから神が来日するからその時に一緒に教えてもらったらいいよ。「神にご奉仕時間を作ってもらおう。」と言いました。

神がほぼセミリタイアしている人でなかったら頼めなかったのかなぁ？　と思いました。投資コンサルタントとか雇ったら実際高そうですから神には感謝しかありません。

私が初めて神に会った時に、ポートフォリオと言われてきょとんとしていたように、友達もきょとんとした顔をしていました。

普段は使ったこともないような投資用語は難しく私達にはちんぷんかんぷんでした。もしもあなたがつみたてＮＩＳＡに興味を持っていても一歩、踏み出せない場合には、私のお友達が教わっているお話を一緒に聞いてみませんか？

「え？　毎月３３、０００万円？　そんなお金ないです。化粧品買ったり、洋服買ったり、飲み会に行ったら消えていくお金。そんな大金を毎月投資にまわすなんて無理ですよ。」

神はたじろいでいました。

「そんな無理することはないと思います。大切なことは将来の必要性があるのか？ないのか？　なんです。ご両親があなたに資産を残してくれるなら必要ないでしょう。大切なことは必要ならやってみたら良いし、必要ではないのに無理にやる必要はないということなのです。あくまでも老後の蓄えが必要なのです。

年金が４、０００万円足りないと言われている時代に生きているのです。親の世代の時とは事情が違うかもしれませんが、このタイミングで資産形成の重要性を知れたことは、とてもラッキーなんです。

今回、みなさんがつみたてＮＩＳＡをしても１円も入りませんししなくても１円の損もありませんから自由なんです。

ご自身の心に手をあてて必要だと思うなら何かしらの手をうっておくことです。その準備は早いにこしたことはありません。

リスクを背負えるなら他の方法もたくさんありますが今回のようにお金がなくても時間がなくて知識もないけれど負けるのもイヤという方は頑張って、毎月のお金を作るチャレンジだけしてみてください。

老後のお金が分からない人はこちらに計算式で老後必要になるであろうお金を計算してから決めても良いと思います。

あくまでもご自身にあったポートフォリオを組んで取り組んでみてください。

あなたの老後に必要な金額は？

老後マネーはこうして求める

●1年間で足りないお金

夫婦の年金収入 − （毎月の生活費×12 ＋年間でかかる支出） ＝ 1年間で足りないお金

□ −（□ ×12＋ □）＝ □

↓

●生活費として足りないお金

1年間で足りないお金 × 必要期間「25年」「30年」＝ 生活費として必要な取り崩し額

□ × 25 or 30 ＝ □ ①

↓

●イベント費用・特別支出など

住宅リフォーム代 ＋ 医療・介護費用 ＋ 海外旅行… ＝ イベント費用・特別支出など

□ ＋ □ ＋ □ ＋…＝ □ ②

↓

●必要となる老後マネー

① ＋ ② ＝ 必要なお金

□ ＋ □ ＝ □

私の場合はどうなるんだろう？　毎月の生活費？　把握していませんでした。平均的にはどのくらい必要なんだろう？　１人暮らしの女性の平均的な毎月の生活費を調べてみると。

家賃は約７５、０００円、これは私の場合東京だから平均よりも値段が高くなってしまうのは仕方ないです。食費は２７、０００円、そんなものですね。

約１５８、０００円で生活できるということなんですね。これだったら毎月５万円のつみたても余裕じゃないですか？　頑張って計算してみましょう。

お酒代と娯楽費を使い過ぎで節約することができないかもしれないですね。

さて私の生活費が計算できました。

約３６０、０００円です。これは使い過ぎなのでしょうか？　30代も半ば先程の独身女性というのはもしか

■生活費の月額平均（女性・単身・一人暮らし）

家賃	約 75,000円
食費	約 27,000円
水道光熱費	約 8,000円
通信費	約 10,000円
飲み会・デート代	約 10,000円
趣味・娯楽費	約 13,000円
日用品・消耗品	約 6,000円
合計	約 158,000円

したら、20代の場合なのかもしれませんね。使い過ぎだったら少し心が痛みますがこれから自分でも節約していこうかと思いました。

■私の生活費の月額平均（女性・単身・一人暮らし）

家賃	120,000円
食費	20,000円
水道光熱費	10,000円
交通・通信費	25,000円
飲み会・デート代	60,000円
趣味・娯楽費・旅費・服代	120,000円
日用品・消耗品	5,000円
合計	360,000円

年間でかかる支出

●固定資産税　●自動車税　●自動車保険
●ＮＨＫ受信料　●自治会費　●町内会費
●浄化槽　●車検　●出産費用
●入園準備金　●ランドセル　●受験料
●卒対会費　●七五三お祝い
●誕生日プレゼント　●クリスマスプレゼント
●お年玉　●年賀状　●実家帰省費
●父の日、母の日　●歯医者（定期健診）
●インフルエンザ予防接種
●年末年始タオル買い替え代　●灯油

●年末年始クリーニングまとめだし
●ホワイトデーお返し　●ゴールデンウィーク
●夏休み　●冬休み　●春休み　●ビデオカメラ
●ふとん　●机　●家電　●衣服　●美容院
●冠婚葬祭　●ゴルフ費
●化粧品・コンタクト（まとめがいなど）
●セミナー受講費　●コンサート費

次が年間でかかる支出です、これも全然分かりません。でも他にも色々と支出がありますよね。生きるって大変ですね。あなたはどんな割合で何にいくら支出していますか？　負担にならないようにあてはめて計算してみましょう。

都内一人暮らし　毎月かかるお金26万円

■女性・単身・都内一人暮らし、毎月かかるお金

家賃	120,000円
食費	20,000円
水道光熱費	10,000円
交通・通信費	25,000円
飲み会・デート代	60,000円
趣味・娯楽費	20,000円
日用品・消耗品	5,000円
合計	260,000円

年間にかかる支出

●NHK受信料・25、000円　●誕生日プレゼント・50、000円
●クリスマスプレゼント・20、000円　●お年玉・20、000円
●父の日、母の日・20、000円　●歯医者（定期健診）・5、000円
●年末年始クリーニングまとめだし・10、000円　●旅費・1、200、000円
●家具、家電・50、000円　●衣服・300、000円
●美容院・100、000円　●冠婚葬祭・50、000円
●コンタクト・50、000円
◎合計＝1、900、000円

37歳・独身女性・正社員

次に2017年時点で以下の設定の37歳・独身女性が65歳以降に受け取れる年金は、年間約180万円です。月額では約15万円になります。昭和54年（1979年）生まれ、20歳〜21歳の期間は国民年金に加入（親が支払い・国民年金基金加入なし）。22歳〜59歳の38年間

は厚生年金に加入し全期間通して未納期間は無しとします。単純化のため勤務中の年収は５００万円で統一で標準報酬41万円（24等級）と仮定しました。

乗率は本来水準の５・４８１を利用しています。年金の内訳は次のようになります。

老齢基礎年金が約78万円（年額）。老齢厚生年金が約１０２万円（年額）合計１８０万円
このシミュレーションは良く考えたら老後ですよね？

老後だったら不必要なものがいっぱいありそうです。老後だったらいくらくらいの支出に減らせるのでしょうか？

●ＮＨＫ受信料・２５、０００円 ●誕生日プレゼント・５０、０００円
●クリスマスプレゼント・２０、０００円 ●お年玉・２０、０００円
●歯医者（定期健診）・５、０００円 ●旅費・２００、０００円
●家具、家電・５０、０００円 ●衣服・３０、０００円
●美容院・１００、０００円 ●冠婚葬祭・５０、０００円
●コンタクト・５０、０００円 ●固定資産税・１００、０００円
◎合計＝７００、０００円

老後は家賃もかからないし、お酒代も少ないかもしれません。将来は、住宅を相続した時に固定資産税を自分が払うことになるのかもしれないです。

１８０万円―10万円×12ヶ月＋70万円＝マイナス10万円

65歳＋25年＝90歳　マイナス10万円×25年＝２５０万円

住宅リフォーム１、５００万円＋

　医療介護費・１、５００万円＝３、０００万円

旅行代・１２０万円

老後に必要なお金は、約３、３７０万円となります。

あなたの老後に足りないお金は計算できましたか？

ちなみに20年後の57歳で１、０００万円を作ったら、その資産のうち１００万円を月利５％複利で運用した場合10年後には１億円を越える資産を作れます。複利って凄いですね。

■生活費の月額平均（女性・単身・一人暮らし）

家賃	0円
食費	20,000円
水道光熱費	10,000円
交通・通信費	25,000円
飲み会・デート代	20,000円
趣味・娯楽費	20,000円
日用品・消耗品	5,000円
合計	100,000円

ミリオネアへの道

	単利の場合	複利の場合	差額
0年後	1,000,000	1,000,000	0
1年後	1,600,000	1,600,000	0
2年後	2,200,000	2,560,000	360,000
3年後	2,800,000	4,096,000	1,296,000
4年後	3,400,000	6,553,600	3,153,600
5年後	4,000,000	10,485,760	6,485,760
6年後	4,600,000	16,777,216	12,177,216
7年後	5,200,000	26,843,546	21,643,546
8年後	5,800,000	42,949,673	37,149,673
9年後	6,400,000	68,719,477	62,319,477
10年後	7,000,000	1,099,561,163	102,951,163

❸・将来に備えよう

月収25万円くらいの裕美さんが

「やります！」

と元気に明るく返事をしたことでその場の雰囲気がふわっと明るくなってみんなも、やれやれ、前向きに考えてみるか。という感じになっていきました。裕美さんは営業アシスタントの事務のお仕事をしていました。もはや、中堅どころです。月３万円くらいだったら無理すれば作れるような気がします。

だけど投資に10％と言う考えだったら毎月２５、０００円だったらもう少し気分的に楽になるのですが…　もっと安くスタートできる商品もありますか？

「ありますよ。あくまで非課税枠のＭＡＸが年間40万円なので月にすると毎月３３、３３３円くらいという話ですから。１万円でもできますし２万円でもできます。３万円でも年間

36万円なので非課税枠になりますよ。

「はい。そうなんです。」

年収1、000万円以上稼いでいる「あみ」が言いました。

先日私も似たような年金資金の為の投資の話を聞いたんだけど最初に100万円とか必要だったからまとまったお金がない人にとっては少額からスタートできてとても便利だと思います。

同じ1、000万円が欲しいのであれば投資するお金が少ない場合月の利回りが高い商品を探す必要があります。

利回りが低いということはそれだけリスクが低いとも言えますけどこの宝の中で探すには、どこを選んでも似たようなものだと思いましょう。

4・全てが良いわけじゃない。地雷を踏んで自爆か？

その晩私は戦争で戦っている夢を見ました。夢の中で私は地雷を踏んでしまってその地雷が爆発して自分も周りの人も吹っ飛んでしまった夢です。

「ドーン」と言う大きな音で目が覚めたがそれは夢の中の話なので、その後吹っ飛んでも生きていたのか？　死んでしまったのか？　までは分かりませんでした。

だけど戦場は、アジアのような気がしました。

今お金がある人と、ない人がいるのは、過去世の影響が何かしらあるのではないか？　と聞いたことがあります。

一方過去は関係ない。自分の人生は自分で作れるという説もあります。

過去に影響している今の生活とこれから先の新しい生活はまったく別もので切り離せるの

でしょうか？　私はまったく新しい生活をスタートさせることができるかな？　そういうことは神のみぞ知るということなのかな？　お経を唱えれば宿命転換するというのは、本当なのでしょうか？

自爆と言えば２０２０年に１、０００万円作れると思っていた現実が今から20年後だったということに気がつきました。

20年後…　本当に長いです。夢が一歩近づきました１００歩くらい遠のいていったような気分になりました。

「神様どうか私をミリオネアの道にお導きください。私が好きなことだけして生きていけるように…　恵まれない子供達への支援ができる環境を与えてください。」

ミリオネアと恵まれない子供達の支援。気がつけばこの頃自分のやりたいことや、なりたい未来がみえてきていたのかもしれません。

5・爆弾に合わないように

今回はあなたも被害に合わないようにプロはどんな風な視点で、各金融機関を判断していくのかをこれまで聞いてきた話をまとめていきたいと思います。

投資で言う爆弾とは全資産を失ってしまうとか投資のタイミングを間違えてしまい大損や塩漬け状態になってしまうとかのリスクを想像するかと思います。つみたてNISAでは、そのような過度な心配は無用とのことです。金融庁が個人投資家を守っている商品でもあるということです。

なぜなら、つみたてNISAのメリットである「長期積立による分散投資効果」によって、ファンドの取得単価はドルコスト平均法に従って平準化できるので、それによって価格変動リスクを平均化させることが可能だからです。

20年という長い運用期間積立投資の分散効果を設計上備えているつみたてNISAによって一度に大きな損失を被るリスクが回避できるのです。投資家としてもそこまで投資タイミング（ファンドの購入タイミング）を気にせずに、投資できます。

肝心なのは自分の投資目的に合ったファンドを選べるかどうか？　を注意すべきでしょう。むしろつみたてＮＩＳＡ特有の爆弾は、そこに潜んでいるからです。

つみたてＮＩＳＡは、20年間という長期の期間運用を続けることを前提とした商品です。なので、最初に選んだファンドが自分の投資目的や目標リターンに合わないファンドだった場合は、20年後に想定外の結果が起きてしまうリスクもあり得るということなのです。

ここでいう爆弾という表現の意味はつみたてＮＩＳＡであなたの目的を達成できない恐れのある商品を選んでしまうリスクをイメージいただければと思います。

早速ですがファンドの運用志向とオススメの投資スタイルを探すために赤バツをつけて爆弾を取り除く作業をします。私は訳も分からずにバツはバツで信じる！　という感じで実践していましたが今回書籍出版をすることになり改めて、きちんと選定方法を教わりましたのでシェア致します。

投資資産別に○×をつけていく判断基準を教わりました。
投資対象の配分比率が多いものが何かを調べてそれが自分の投資目的に合っているかどうかを判断するのです。例えばつみたてNISAの採用ファンド一覧のファンド名を見てみると「積極型」や「守備型」や「バランス型」など、一見すると運用性向を表しているかのようなファンドがあることに気づきますがこの名前のイメージでファンドを選んでしまうと爆弾に繋がる恐れがあるのです。運用会社にとっての「積極型」や「守備型」が自分の投資目的とは合致しないことが多いからです。

なので自分の投資スタイル（運用志向）に合ったファンドかどうかを調べるには実際にそのファンドがどの資産に投資をしているのか？　つまりファンドの保有資産配分を調べそこから運用志向を逆算的に考えていくのが効果的なのです。

この作業というのは単純に金融庁のリストを見るだけでは分からないものなので1社ずつ丁寧にファンドの中身を全部調べていくというとても大変な労力が必要です。
そこで今回は金融庁が公開しているシートを基に、私が各ファンドの評価を追記しましたのでそのデータから選別を行っていきましょう。

まずファンドの投資先として

①株式型（個別の株や225など）
②債券型（国債など）
③リート型（上場不動産投信）に分けて考えていきます。そこから、それぞれどう評価していったか？　を順にお伝えしていきます。

①株式型（ファンドの主要な投資先が株式であるもの）

概ねハイリスクハイリターンの傾向があります。年率5％〜を望みたい場合にオススメです。

⬇国内株と国際株の見極め方↓国際型の方が高いリターンが望める可能性が高いです。（値動きリスクは大きくなります）

⬇新興国の株か？先進国の株か？↓新興国の方が基本的には高いリターンが望めます（値動きリスクは大きくなります）

➡アクティブ型か？　インデックス型か？ ↓ アクティブ型の方が基本的には高いリターンが望めます。（値動きリスクは大きくなります）

※インデックス型の投資は、市場指数（日経平均株価やダウ指数など）に成績が連動します。アクティブ型の投資はファンドマネージャーの裁量によって運用成績が変動します。つまりアクティブ型の方が、市場の値動きに対してプラスアルファのリターン・リスクが大きくなります。

➡バランス型か？　集中型か？ ↓ 株式型の場合、株に資金を集中する集中型の方が高いリターンが望めます。（リスクは大きくなります）

② 債券型　ファンドの主要な投資先が債券であるもの

概ねローリスクローリターンになりやすい傾向があります。安定的に年利～3％程度を望みたい場合にオススメです。

➡国内債券か？　外国債券か？ ↓ 外国債券の方が基本的には高い利回りが望めます。（リスクは大きくなります。※米国など優良格付債を除く）

➡先進国の債券か？ 新興国の債券か？ ↓ 新興国の債券の方が基本的には高い利回りが望めます。（リスクは大きくなります）

➡アクティブ型か？ インデックス型か？ ↓ アクティブ型の方が高いリターンが望めます。（リスクはやや大きくなります）

➡バランス型か？ 集中型か？ ↓ 債券型の場合、バランス型の方が高いリターンが望めます。（リスクはやや大きくなります）

③リート型 ファンドの投資先に上場不動産投信（REIT）を含むもの

概ね、ミドルリスクでミドルリターンになりやすい傾向があります。バランス良く年利～5％程度を望みたい場合にオススメです。

➡国内リートか？ 外国リートか？ ↓ 外国リートの方が基本的には高いリターンが望めます。（リスクは大きくなります）

⬇先進国のリートか？ 新興国のリートか？↓新興国のリートの方が基本的には高いリターンが望めます。（リスクは大きくなります）

⬇アクティブ型か？ インデックス型か？↓アクティブ型の方が高いリターンが望めます。（リスクは大きくなります）

⬇バランス型か？ 集中型か？↓組み入れのバランスによります（組入割合が株か債券かによってリスクが変動します）

■アクティブ型、インデックス型の分類管理の一例

株式型	国内：-2	先進国：0	インデックス：-2	集中型：0
基本期待リターン5%	海外：0	新興国：1	アクティブ：2	分散型：-2
債券型	国内：-2	先進国：-1	インデックス：0	集中型：-1
基本期待リターン3%	海外：0	新興国：0	アクティブ：0	分散型：0
リート型	国内：0	先進国：0	インデックス：0	集中型：0
基本期待リターン3%	海外：0	新興国：1	アクティブ：0	分散型：0
混合型	国内：-1	先進国：0	インデックス：0	—
基本期待リターン3%	海外：0	新興国：1	アクティブ：1	—

第5章

運用会社の人に話を聞きました

❶・これで手数料稼げるぞ

つみたてＮＩＳＡが優遇されているとは言ってもそれは利益に対してかかるはずの税金が優遇されるというもので運用会社の手数料というものは取られます。しかしその手数料もつみたてＮＩＳＡは安くなるのですから素晴らしいです。

国内株式型の手数料だとだいたい1％です。少ないですよね？

つみたてＮＩＳＡだったら高くても1・5％くらいです。このたったの0・5％とは言っても長く運用するとずっと取られるものなので気になりますよね？　10年も経てば60％の違いが出ます。これが3％とか5％とかの会社もありますからそういう一般の手数料から比べたら個人投資家にとって有利な設計と言えます。

◎有利な設計なのは良いですがプロジェクトの存続が危ぶまれるようでは困ります。

運用会社にもしっかりと稼いでもらわないといけないですがこの点少し気になったのでプロの投資ファンドの方にインタビューしてみました。

「はい。運用会社の視点からすると残高をどう確保するか？　がポイントになります。例えば大手生保系運用会社ではつみたてＮＩＳＡのシェア確保のためにはインデックス系のものをかなりの低料率で取り扱っているのが現状です。これは投資家にとってもありがたくて実際の運用の内容もしっかりしていますので信頼できます。

一方で、同じインデックス系の運用といっても、運用機関によっては、適当（おざなり）に扱われているケースも多いので注意が必要です。現場担当者の層の厚みのほか、社外の各機関との力関係も、商品のクオリティ担保の負担になってきます。長期運用であれば、運用機関の『格』はある程度必要だと思ってください。つまりは会社選びが大切ということですね。」

実際に、インデックス系投資信託運用会社の中でも、商品のクオリティを担保するための組織力・会社力が必要であるなか、社内で適当に扱われている（そもそも良く分かっていない人が実務を担当している）ケースがありました。

例えば、超大手証券系運用会社でさえ外国ものは経験者がおらず日本株経験者がなんとなく対応していたとか社内では誰かが育つという文化が希薄だったり。小規模運用機関はいわずもがな長く続いている運用機関かどうか？　トラックレコード（商品のパフォーマンスが目標とするベンチマークとどれだけ乖離しているのか？）が宣伝文句のとおりか？などはせめて見ておきたいポイントとなります。」

やっぱり、プロの話って難しいんですよね？　分かってきた話がまた分からなくなってきました。整理して分かりやすくまとめてみると…

つみたてNISAを始める場合の選択として大切なポイントなのは？

1. どこの証券会社で口座を開き
2. どの商品を選択して、積立ていくのか（リスクのバランスをとっていくのか？）
3. その商品を提供している運用会社の手数料や、運用会社の格付も確認すること。

なるほどなんとなく分かってきました。だから銀行に騙さて、言われたままにつみたてＮＩＳＡの口座を開設してはいけないんですよね。きちんと投資したい商品を選んでから、その商品を提供している運用会社もチェックして、そしてそれらを扱っている会社で口座を開くと。

◎そう言えば解約手数料とかってどうなっているんでしょうか？　解約など欲しくはないでしょうから、やはり解約手数料は取られるのですか？

「つみたてＮＩＳＡのメリットは他の手数料にも良い影響があります。まずは購入時に販売会社（証券会社や銀行など）に支払う手数料です。これは販売手数料と呼ばれるものです。これも通常は基準価額の3％くらいまでの間で設定されています。しかしつみたてＮＩＳＡ口座で購入する商品については、販売手数料が無料になります。ノーロードのものに限定されている。ということです。

他にも口座管理手数料が無料になります。これは、非常にメリットですよね？

そして、ご質問の解約手数料についても無料になります。但し、信託財産留保額は除かれます。信託財産留保額とは、中途解約により他の保有者が不利益にならないように、解約時に解約金額の一定割合を全体の運用資産に残していくものです。

実際には、他にも、投資信託を保有している間に払い続ける信託報酬というものがあります。これは、運用資産額から毎日一定の割合（年率約0・05％〜3％）が差し引かれ、販売会社、運用会社、そして、運用資産を保管する信託銀行に対して支払われるお金です。これも、つみたてNISAに限っては、低コストのものに限定されており、基準を満たしていないと、金融庁の一覧には記載されません。ファンドの中でもつみたてNISAには優等生が揃っていると言えるんです。」

信託報酬を比較してみましょう。

「楽天・全世界株式インデックス・ファンド」は、世界の株式に投資ができるのに信託報酬や安いと人気です。

「ひふみ投信アクティブファンド」はインデックスファンドに比べると高めの設定ですが、アクティブファンドの中では人気です。

「eMAXIS Slim バランスファンド」は複数の資産に分散投資できてコストも安く人気です。

ファンド名称	運用会社	信託報酬
楽天・全世界株式インデックス・ファンド	楽天投信投資顧問	年 0.1296%
〈購入・換金手数料なし〉 ニッセイ外国株式インデックスファンド	ニッセイアセットマネージメント	年 0.20412%
楽天・全米株式インデックス・ファンド	楽天投信投資顧問	年 0.1296%
野村つみたて外国株投信	野村アセットマネジメント	年 0.2052%
eMAXIS Slim バランス（8 資産均等型）	三菱 UFJ 国際投信	年 0.2268%
ひふみ投信	レオス・キャピタルワークス	年 1.0584%
eMAXIS Slim 新興国株式インデックス	三菱 UFJ 国際投信	年 0.2052%
たわらノーロード先進国株式	アセットマネジメント One	年 0.216%
iFree S&P500 インデックス	大和証券投資信託委託	年 0.243%

❷・アメリカで決めようか？

◎商品選びについてズバリどれ？　と質問されたら何と答えたら良いですか？

「はい。まず、つみたてNISAについて、おさらいすると

- **少額から**
- **長期で積立**
- **分散投資**

となりますよね？

インデックス系の商品の中から選択するのであればインデックス系の特徴を知っておくことがポイントになるかと思います。インデックス系というのは、相場が上がれば価格もあがるという連動型になっています。その場合、どんどん、経済が下がっていくかもしれない日本の商品はリスクがあって米国株のようにどんどん株価が上がっているような国であれば今後も将来的に上がっていくのではないか？　と予測が立てられます。

市場心理というのは参加者が増えるほど信頼が信頼を引き寄せるからです。それを考えると新興国の株とか上昇していくであろう海外の案件の方が良いと言えます。特に金融庁が推している海外の案件があるのならインデックス系の中でのイチオシになりますね。」

ありがとうございます。そうかインデックス系の中では海外案件が宝の1つですね。私のお給料は、当たり前のように日本円で入ってくるし、イデコ（個人確定拠出年金）も日本株や円預金であれば、全部、日本円。こんな私でも、まさかのつみたてＮＩＳＡで、日本国外ものを組み入れることができるなんて、初めての分散投資、資産も分散できると分かって嬉しい。将来への備えに繋がります。

◎インデックス系のものと他のものでは何が違うのでしょうか？

「ファイナンシャルプランナー的視点からしてもつみたてＮＩＳＡは海外インデックスものを数本入れていく、ということが良いと考えられます。日本で個別株を見るスキルを取り入れるという意味を込めて海外で活躍する（今後もっと活躍が期待される）日本株の個別銘柄を一つ持つのも有益と考えられます。」

なるほど。インデックス系は海外ものというのはなんとなく印象に残りました。

◎ところでインデックス系のものと他のものでは何が違うのでしょうか？

「インデックス系のものは正直、市場通りだからつまらないかもね？　せっかく始めるのだからインデックス系のものだけでは、勿体ないと思いますよ？　アクティブ系の運用ものを組み入れることで、どのような銘柄を持っているか？　学ぶこともできます。それは、後々のあなたの個別の株の運用スキルを磨く機会につながると思うので、そこでの学びがオススメです。

いつか長期で、同じように自分で株を買っていくというステージにいく意識を持つと、結果として今から良い千里眼を養って、長い目でみた長期投資ができるようになるからね？」

確かに私の昔負けた株も20年から比べたら2カ月間という短期。今も持っていたらあがっていたわけです。長期で株を持つかぁ。

資産運用なんて本当にお金がかかって仕方がないみたいという印象を受けた私はもう一度そのあたりの質問をしてみました。

◎運用会社ってそんなにお金が必要なものなのでしょうか？

お金がかかりそうなイメージと言えばぼったくり運用会社なんてあるのでしょうか？詳しくないから分かりません。でもお金に絡むことで、安全を保証するためのセキュリティ設備のようなものには凄くお金がかかってしまうのだろうと思いますがその実態は？

「コストについては、運用会社だけでも
⬇ 銘柄を調べるアナリスト
⬇ 組み入れ銘柄を決定し日々の状況をモニタリングするファンドマネージャー
⬇ 実際の銘柄や為替取引を行うトレーダー
⬇ 取引を処理し、基準価額を算定するファンド計理

⬇各工程が正しく行われていることをチェックする業務管理
⬇コンプライアンス体制を構築するコンプライアンス部
⬇一般的な総務や企画
⬇営業
⬇人事
などそれぞれの部門に複数の担当者がいて、不測の事態に備えています。」

凄いですね。それだけそれぞれの役割があって、たくさんの人が携わってきちんと私達のお金を運用してくれていると思ったら、感謝です。それを個人の私がやるなんて到底できませんもの。

◎そこまでしないと成功しないものなのでしょうか?

「えっとね投信の基準価額算出でミスをすると金融庁から大目玉をくらうんですよ。もちろん、ミスをしたら、サラリーマンとしても大きな罰点もくらいます。だからこそそうならない為に、各部門とも立案・決定・承認を別の違う担当者が行うことで、二重三重のチェック体制を作っているものなんです。」

なるほど凄いことですね。セキュリティもしっかりですものね。

「そうですね。その代り労務管理も厳しくなるし長時間の労働に備えるための人件費も上がっているというのが実態ですね。特にそれぞれの部門は高学歴の専門人材を抱えているため人件費がそれなりに高いということは想像つきますよね？」

いわゆる高給取りの方々ですね？

「はい。更にですね… まだあるんですよ。
⬇業務を行うための外部コスト
例えば…
・銘柄を調べるためのコスト

・インデックス関連のデータ購入のコスト
・ファンドのリスクを計測したり、ベンチマークとずれていないかを毎日計測する計算機的なソフト
・その他
⬇証券会社へのコストや取引を処理（記帳）する信託銀行にかかるコスト
⬇外国ものであれば、グローバルに処理するためのカストディアンにかかるコスト
⬇外部機関に監査を受けるコスト
など、それぞれおそらく一般の人がきいたら、えっマジで?! っと、驚くほどの高額になっています。」

なんだかきっと働いている人達は大変なんだろうけれど、高給取りのお仕事は憧れます。

「厳しい世界だから、神経すり減らしますけどね?

■日本の特殊性

■ 金融庁がミスを厳罰する姿勢
■ 信託法がグローバルなファンドの仕組みとずれており屋上屋になってしまう
■ 英語ができない人が多いので外資系金融で働く人の給料が高くなる

なども、現状では、全て、コストに跳ね返っているのです。」

ハードルが高そうですね？

「そう思いますよ。でもですねそれだけ人件費がかかっていてもつみたてＮＩＳＡでは、クライアントに提供する手数料は激安になるわけですよ。普通に考えたら絶対に持続可能な商品とはいえませんよ？　それでも成り立っているというのは結局運用会社や信託会社が腹を切って対応しているからでもあります。

どこの会社が何のコストをそれぞれに負担しているのか？　そのような裏側を知っておくと、おのずとあなたが投資して良いか？　止めておいた方が良いか？　自ずと分かってくると思います。それはそれだけ各会社の商品設計の強み弱みも見えてくるからです。

「そういう勉強は無駄なようで、実は重要で学べますから一度興味を持って調べてみてください。」

分かりました。ありがとうございます。

◎今後ですがこのような運用を楽しんでやる秘訣ってありますか？

「本来、資産運用は仮説と検証を繰り返すものなんですね。投資のセンスを磨くとその仮説の置き方が非常に効率的になって、結果的に勝ちやすい状況を作ります。」

なんだか、凄く難しそうに聞こえるし、楽しそうにも思わないのですが…。

「そう言ってしまうと難しく聞こえたかもしれませんね。それでは初心者でも楽しんで運用する方法はあるものなのか？　というところです。結論としては楽しんで資産運用をすることはできます。その為には稼いだら何をするかをイメージすることなんです。

勝ち方は人それぞれなんですが私達の脳は本能的に良いことだけを覚えて悪いことは忘れてしまいます。忘れて良いので悪いことがなるべく起きないように個別銘柄であればロスカットを置いておくとか、自分の判断と違うところで淡々とできる体制をつくるようにすると良いですよ。

その上で良かったこと、成功体験を繰り返すこと。これによって自然とやり方が身についてきて楽しめるようになっていくと思います。」

ありがとうございます。

◎最後に私、指数についてのお話になるとさっぱり分からないのです。どんな風に考えたら良いのでしょうか?

「今、日銀の動きを見るとTOPIXものを中心に買っていることが分かります。それも年間6兆円分です。そして東証はJPX400をすすめています。入れ替えが定期的にあるので実績の悪い会社は除外されるというメリットがあります。米国のSP500指数に近い設計です。株価は将来の業績を織り込むものだから過去の実績では意味がないという意見はあるかもしれないけれど入れ替えがキチンと行われるという点がメリットです。」

なるほど〜　ありがとうございます。

◎私の勉強不足が悪いのですが、そもそも、それぞれの意味がよく分かっていなくて、何度も説明を読んでも良く分かっていないのですが、どう捉えたら良いのでしょうか？

「TOPIXは東証一部すべてを対象としているため日本の株式市場の95％程度がカバーされていることになると覚えてください。時価総額の大きな企業の比率が大きくなる算出方法なので分散がきちんと効いているというのも特徴です。日経平均と比べると内需関連の企業が多く含まれます。

一方で日経平均（日経225）は、225社の単純平均です。選定基準は市場で取引される量の多さですが業種のバランスも考慮されます。その結果輸出企業が多く組み入れられ日本経済の実態以上に為替（ドル円など）の上下の影響が出ます。２００５年6月にそもそもの算出方法（指数計算方法）が大きく変更されたので指数の一貫性が断絶されています。

単純平均で算定されるため、時価総額の大きな企業の株価変動にも大きく影響を受けます。

日本銀行による金融政策の一環として、日経平均に連動するＥＴＦが大量に購入されていましたが構成銘柄が少なく多くの企業で、日本銀行が実質主要株主となった企業が続出したこともあり現在はＴＯＰＩＸに連動するＥＴＦを金融政策の一環として購入しているとのことです。今後日経平均よりもＴＯＰＩＸの方がより注目される印象があります。

ＪＰＸ４００は日本取引所グループが肝入で新設した新しい指数です。スクリーニングによって選出した黒字企業１０００社について3年平均ＲＯＥや3年累積営業利益、時価総額を考慮して４００社が選定され年に一度入替えが行われるため自然と優良企業が選定されます。未来の業績を織り込んでいなかったり、相対的な株価指数（ＰＥＲなど）は考慮されていないものの定量的な業績に注目して選定していることからＴＯＰＩＸや日経平均よりも投資家にとって、より魅力的な企業の銘柄群であるといえます。東証二部やマザーズＪＡＳＤＡＱの銘柄も組み入れ対象となっている点も特徴の一つです。」

❸・フィルターがけ

それではいよいよフォルターがけです。金融庁が作った商品一覧が私にとっては宝マップとなってどんどん投資しない方が良い商品が赤ペンで消されていきました。
点数をつけた中から更にフィルターがけをしていきます。これは本当に凄いことです。それをご紹介していきましょう。

ファンド評価（優良ファンドをスクリーニングするためのフィルターがけについて

1．運用性向別
安定型・安定成長型・成長型・保守型・堅実型・標準型・積極型などの曖昧な運用性向で選択してはいけない！　セルサイド等を排除しました。

2．設定日　純資産総額で選別
新しすぎるファンド純資産が少なすぎるファンドを排除しました。

3. 運用性向で選別

バランス型・積極型・守備型等ファンドのホームページを見て狙いが曖昧で違和感のあるものは排除しました。

4. 運用成績で選別

運用成績を調べて成績の悪い会社は排除しました。

5. 資産均等型で選別

資産を均等に配分して投資するファンドであれば安定志向になりやすいのでリストに残しました。

6. 為替ヘッジが有か？　無か？

為替変動に対するリスクヘッジが有るか無いか？

リスクヘッジが有れば安定志向。

リスクヘッジがなければ、積極志向。

7．ノーロード選別

手数料が無料だったら安い方がプラスの評価

8．インデックス型か？　アクティブ型か？　選別

ベータ狙いか？　アルファ狙いか？

インデックス型なら、安定志向。

アクティブ型なら、積極志向。

9．国内か？　海外か？　混合か？　どの国に投資するのか？

投資対象の中身でファンドの期待リターンやリスクを判断して選別

先進国であれば、安定運用志向。

新興国であれば積極志向

最終的に残ったファンドが優良ファンドのお宝ファンドとなります。

	シャープレシオ	設定日	運用区分	購入時手数料%（税込）	実質信託報酬%	配分比率	期待リターン%
	-0.54	2017 2/27	インデックス型	0	0.11772	■先進国株式（除く日本）100.0%（2018/6/29 現在）	5
	-0.53	2017 11/8	アクティブ型	0	0.2376	■先進国債券（除く日本）27.0% ■先進国株式（除く日本）26.2% ■国内債券 16.6% ■国内 REIT10.1% ■国内株式 6.9% ■新興国債券 6.0% ■外国 REIT5.0% ■短期金融資産 1.2% ■新興国株式 1.0%（2018/7/31 現在）	5
	-0.55	2017 12/18	インデックス型	0	0.216	■ 先進国株式（除く日本）100.0%（2017/09/29 現在）	5
	-0.79	2008 3/31	アクティブ型	0	0.4536	複数のマザーファンドへの投資を通じて、日本を含む世界各国の株式、公社債及び短期金融資産に分散投資を行う。基本資産配分は西暦 2045 年をターゲットイヤーとし、ターゲットイヤーまでの残存期間が長いほど値上がり益の獲得を重視し、ターゲットイヤーに近づくに従い配当等収益を重視した比率とし、原則年 1 回決算時に変更する。原則として対円での為替ヘッジを行わない。（運用方針）	5
	-0.57	2009 10/28	インデックス型	0	0.648	■ 先進国株式（除く日本）100.0%（2018/10/31 現在）	5

株式ファンド【指定インデックス投資信託：142本から】※2019/1/11現在

NO	ファンド名称（※1）	運用会社	系列	業態	純資産（億円）
129	eMAXIS Slim 先進国株式インデックス	三菱UFJ国際投信㈱	三菱UFJFG系	銀行	291
16	たわらノーロード バランス（標準型）	アセットマネジメントOne㈱	みずほFG系	銀行	6.31
18	たわらノーロード 先進国株式	アセットマネジメントOne㈱	みずほFG系	銀行	271
76	三井住友・DCターゲットイヤーファンド2045（4資産タイプ）	三井住友アセットマネジメント㈱	三井住友FG系	銀行	10
98	eMAXIS 先進国株式インデックス	三菱UFJ国際投信㈱	三菱UFJFG系	銀行	334

シャープレシオ	設定日	運用区分	購入時手数料%(税込)	実質信託報酬%	配分比率	期待リターン%
-0.78	2007 3/15	アクティブ型	0	0.62	■先進国債券(除く日本)43.04% ■先進国株式(除く日本)40.14% ■新興国株式 5.91% ■国内債券 5.91% ■国内株式 4.1% ■短期金融資産 0.9% (2018/7/31 現在)	3
-0.6	1998 4/1	アクティブ型	3.24	1.62	■先進国株式(除く日本)87.3% ■外国株式 8.8% ■短期金融資産 3.9% (2018/4/27 現在)	5
-0.54	1998 4/1	アクティブ型	3.24	1.6092	■ 先進国株式(除く日本)98.8% ■ 短期金融資産 1.2% (2018/9/28 現在)	5
-0.81	2009 1/16	アクティブ型	3.24	0.54	■ 先進国株式(除く日本)32.25% ■ 先進国債券(除く日本)29.26% ■ 新興国株式 14.08% ■ 新興国債券 13.87% ■ 国内株式 4.79% ■ 国内債券 4.03% ■ その他資産 0.95% ■ 短期金融資産 0.77% (2018/8/31 現在)	3

指定インデックス投資信託以外の投資信託（アクティブ運用投信等）

NO	ファンド名称（※1）	運用会社	系列	業態	純資産（億円）
4	セゾン・バンガード・グローバルバランスファンド	セゾン投信㈱	セゾン系	カード	1619
13	フィデリティ・欧州株・ファンド	フィデリティ投信㈱	フィデリティ系	証券／運用	166
14	フィデリティ・米国優良株・ファンド	フィデリティ投信㈱	フィデリティ系	証券／運用	186
15	世界経済インデックスファンド	三井住友トラスト・アセットマネジメント㈱	三井住友FG系	信託	575

❹・宝リストを眺めて鑑みる

◎エクセルの引用元は金融庁ホームページ・日本経済新聞等をもとに鶴見麻衣子作成

プロ秘伝!
ファンドの優劣を
点数で判断・評価する方法とは?

数百本もある積立NISA採用ファンドの中から優良ファンドをどのように厳選すればいいのでしょうか?

ここでファンド選びで爆弾を踏まないために投資信託運用会社で実際にファンド運用に携わっていたプロが使っている選別法を特別に公開したいと思います。

ファンドを点数で評価する方法

積立NISAのファンドの中から優良ファンドを厳選するには、ファンドの中身を具体的に評価していく必要があります。そのために必要な項目を金融庁が公表しているファンド一覧シートに追記してみましたので、実際にそれらを見ながら点数の付け方を理解していきましょう。

追加した評価項目

⑴純資産評価： ファンドの預かり資産額（運用残高）から優劣を判断する方法です。投資家からの預かり資産が少ないファンドは経営リスクが高くなります。積立をしていたファンドがいきなり倒産してなくなってしまったというようなこともあり得ますので、ファンドがどの程度の資産を運用しているのかを評価することでそれらのリスクを排除していきます。点数評価としては100億以上のファンドは2点、10億円以上のファンドは1点で計算しています。

⑵設定日評価： ファンドの設定日（運用開始日）から優劣を判断する方法です。積立NISAの採用ファンドの中には運用を開始してから1年未満の新しいファンドも多く存在します。設定日が新しいファンドが全てダメとは言いませんが20年間に渡って付き合っていく

ファンドを選ぶという視点では、存続期間の長さはファンドを評価する上で重要なポイントになりえるでしょう。10年以上は2点、1年以上は1点で計算しています。

⑶シャープレシオ評価…　シャープレシオとは、ファンドの運用効率を数字化した指標で、投資のリスクに対して、どの程度のリターンが得られるか？　を表したものです。この数字をファンド間で比較することで同じリスクならどちらがリターンが高いかを測れることになります。この数字が高いファンドから順番に、上位25位のファンドは2点、上位50位までのファンドは1点で計算しています。

⑷購入手数料評価…　ファンドの購入手数料は積立ＮＩＳＡを申し込む（購入する）時に発生する費用ですので、基本的には低ければ低い程有利になります。例えば、インデックス型のようにファンドによって運用成績に違いが出ないような運用設計の場合では手数料が低い方がパフォーマンス（成績）が良くなります。そのため購入手数料がゼロのファンドには2点、1％以下のファンドには1点で計算しています。

(5)信託報酬評価…　ファンドの信託報酬とは、1年間ごとに運用会社に支払う報酬のことですので、基本的にはこのコストも低ければ低い程運用パフォーマンスは高くなります。同じような運用性向のファンドにもかかわらず信託報酬が高いファンドはボッタくりファンドと呼ばれます。信託報酬の傾向としては指数の動きに単純に従うインデックス型よりもファンドマネジャーの裁量が入るアクティブ型の方が高くなり国内型よりも海外型のファンドの方が高くなる傾向があります。そのため、信託報酬が0・2%／年以下のファンドに1点を加算しています。

(6)運用区分評価…　運用区分はインデックス型とアクティブ型で評価しています。
インデックス型は、良くも悪くも運用成績が市場の指数と連動しますので指数の動き以上のリターンは望めない設計のファンドです。

一方、アクティブ型のファンドは指数の動き以上のリターンを目指し、ファンドマネジャーが裁量で運用を行うファンドです。そのため、インデックス型のファンドよりかはアクティブ型のファンドの方がパフォーマンス（成績）が上振れする可能性が高くなりますのでアクティブ型のファンドには、1点を加算しています。

◎満点で10点満点

この評価で各ファンドを点数付けするとファンドの優劣評価が分かってしまいます。すなわち、点数が高いファンドこそ、積立ＮＩＳＡ採用ファンドの中でも優秀な可能性が高いファンドと言えるでしょう。

逆に言えばこの評価で点数が低いファンドには…「爆弾」が潜んでいる確率が高いと考えることもできますね。さらに、以下の二つの評価基準を加えれば、自分にとってのおすすめのファンドまで判断できてしまいます次は自分にとっての優劣を考えてみてください。

⑺**配分比率評価**…　ファンドが投資をどの資産に配分しているのかを調べ、その中身からリスク・リターンを判断します。資産別では株・債券・リート（不動産）への配分比率から判断し、パフォーマンス評価は国内・海外・バランス型などの組み入れ内容から評価します。

（※評価方法は⑻へ）

⑻**期待リターン推定**…　ファンドの期待リターンはα（アルファ）と呼ばれるベンチマー

クに対する超過収益の部分と、β（ベータ）と呼ばれるベンチマーク自体の価格上昇・下落の合算で計算されます。

ここではファンドの特性に応じて、アルファの部分（項目⑽）とベータの部分（項目⑼）ごとに推定したリターンを足して、そのレベルに応じてわかりやすく『高』『中』『低』の3分類としています。

⑼想定ベンチマークリターン…　ファンドにはそれぞれ、ベンチマークと呼ばれる運用を行う際の目標となる指数（インデックス）があります。

ベンチマークとして設定される指数の想定ベンチマークを、長期的な展望、過去の実績などを考慮し、便宜上、以下のとおり設定しました。

国内債券50%以上組入：1%
海外債券50%以上組入：3%
バランス型：2%
国内株式100%：3%

海外株式50％以上：３％
海外株式１００％：５％

⑽超過収益ポテンシャル…　アクティブ運用のファンドはリスクを一定程度とりベンチマークに対する超過収益を狙いに行きます。

どの程度の超過収益を狙うかは、ファンドの性質や投資家のニーズを踏まえファンドが決定しますが運用の実態面においては常に一定であるとも限らないので、ここでは便宜上以下のとおり設定しています。

①インデックス投資…　プラス０％（『指定インデックス投資信託』に分類されるファンドについては、超過収益を狙わないため、一律で、０として設定）
②国内債券型のファンド…　プラス１％
③国内株式型のファンド…　プラス２％
④外国株式（日本を除く先進国株式、新興国株式）、外国債券…　プラス３％
⑤ＲＥＩＴ…　プラス３％

④バランス型は、配分比率に応じて調整…
株の比率が多い：プラス、債券の比率が多い：マイナス

株式ファンドの場合のアルファの源泉は、ベンチマーク以上のリターンが期待される個別銘柄により多くのウェイトの投資を行う一方ベンチマーク以下のリターンが想定される銘柄を保有しないことによって追求されます。

債券ファンドの場合のアルファの源泉は、イールドカーブ（長短金利差）の形状や、信用リスク（国債ではなく事業債に投資）の選択、現金保有比率のコントロールなどによって追求されます。

⑾リスクコントロール…　高い超過収益を狙う以上見通しや戦略がはずれた場合、一定の価格下落リスクを伴います。ここでは、便宜上、より高度な管理ができる設計のファンドを「優」、現金比率も併せて管理可能なファンドを「可」、あくまで銘柄の組み合わせの中で管

理を行うファンドを「可」と分類しました。

ファンドは、通常、ファンド全体で、銘柄の時価総額（大・小）や性質（割安・成長）株価動向（モメンタム・指数への感応度）、などについて、多次元で複合的に管理しているため一概には高い超過収益＝高いリスクとなるわけではありません。

ただ組み入れられている資産が株だけでなく、債券や不動産が入っているようなバランスファンドであれば株式100％のファンドより効果的なリスクコントロールが可能となるし、現金保有比率をコントロールすることで、価格下落時のコントロールも向上します。

といった具合で⑼と⑽の項目について考察を深めていくと、自分の運用目的や投資性向にファンドが適しているかどうかが判断可能になります。

さらに、目論見書やパフォーマンスの実体を見ながら自分で評価の数字（期待リターンの％）を調整していくと、さらに実践的で使える内容の管理ファイルとなります。

高いリターン＝良いファンドというわけでもなく、高いリターンを低いリスクで実現するのが良いファンドです。

例えば同じくらいの期待リターンが望めるファンドがあった場合、片方が株式型でもう片方が債券型だったとすれば期待値は同じでもリスクは債券よりも株の方が高いのが一般的なので、債券型を選んだ方がコスト（リスク）対パフォーマンスが良いと判断できるのです。

このように、優良ファンドを選別する時は、その中身をしっかりと見極めて判断すると効果的です。

設定日	運用区分	購入時手数料%（税込）	実質信託報酬%	配分比率	期待リターン%
2013 5/13	アクティブ型	0	0.3304	■ 先進国株式（除く日本）68.28% ■ 外国株式 23.17% ■ 国内株式 5.65% ■ 新興国株式 2.5% ■ 短期金融資産 0.4% （2018/7/31 現在）	高

評価点数	運用成績ファンド情報	日経 URL
5	http://www.sbiam.co.jp/EXE-i/fund/fd03.html	https://www.nikkei.com/nkd/fund/?fcode=89313135

設定日	運用区分	購入時手数料%（税込）	実質信託報酬%	配分比率	期待リターン%
2007 3/15	アクティブ型	0	0.62	■先進国債券（除く日本）43.04% ■先進国株式（除く日本）40.14% ■ 新興国株式 5.91% ■ 国内債券 5.91% ■ 国内株式 4.1% ■ 短期金融資産 0.9% （2018/7/31 現在）	中

評価点数	運用成績ファンド情報	日経 URL
7	https://www.saison-am.co.jp/fund/vanguard/status.html	https://www.nikkei.com/nkd/fund/?fcode=96311073

アクティブファンドの部

NO	ファンド名称（※1）	運用会社	系列	業態	純資産（億円）	シャープレシオ
1	EXE-i グローバル中小型株式ファンド	SBIアセット マネジメント㈱	SBI系	ネット証券／銀行	54	-0.92

純資産評価	シャープレシオ評価	設定日評価	購入手数料評価	信託報酬評価	運用区分
1	0	1	2	0	1

NO	ファンド名称（※1）	運用会社	系列	業態	純資産（億円）	シャープレシオ
4	セゾン・バンガード・ グローバルバランスファンド	セゾン投信㈱	セゾン系	カード	1619	-0.78

純資産評価	シャープレシオ評価	設定日評価	購入手数料評価	信託報酬評価	運用区分
2	0	2	2	0	1

設定日	運用区分	購入時手数料%（税込）	実質信託報酬%	配分比率	期待リターン%
2010 3/29	アクティブ型	0	1.08	■国内株式 60.3% ■短期金融資産 35.9% ■国内債券 3.8% （2018/7/31 現在）	中

評価点数	運用成績ファンド情報	日経 URL
6	https://www.kamakuraim.jp/	https://www.nikkei.com/nkd/fund/?fcode=9Q311103

設定日	運用区分	購入時手数料%（税込）	実質信託報酬%	配分比率	期待リターン%
1998 4/1	アクティブ型	3.24	1.6092	■ 先進国株式（除く日本）98.8% ■ 短期金融資産 1.2% （2018/7/31 現在）	高

評価点数	運用成績ファンド情報	日経 URL
6	https://www.fidelity.co.jp/fij/fund/funddetail.html?fundcd=217004	https://www.nikkei.com/nkd/fund/?fcode=32314984

NO	ファンド名称（※1）	運用会社	系列	業態	純資産（億円）	シャープレシオ
2	結 2101	鎌倉投信㈱	独立系	運用	370	-0.68

純資産評価	シャープレシオ評価	設定日評価	購入手数料評価	信託報酬評価	運用区分
2	0	1	2	0	1

NO	ファンド名称（※1）	運用会社	系列	業態	純資産（億円）	シャープレシオ
14	フィデリティ・ 米国優良株・ファンド	フィデリティ投信㈱	フィデリティ系	証券／ 運用	186	

純資産評価	シャープレシオ評価	設定日評価	購入手数料評価	信託報酬評価	運用区分
2	1	2	0	0	1

設定日	運用区分	購入時手数料%（税込）	実質信託報酬%	配分比率	期待リターン%
2015 12/7	インデックス型	0	0.1836	■国内株式 99.9% ■分類不可 0.1% （2018/7/31 現在）	中

評価点数	運用成績ファンド情報	日経 URL
8	http://www.am-one.co.jp/fund/summary/313122/	https://www.nikkei.com/nkd/fund/?fcode=4731815C

設定日	運用区分	購入時手数料%（税込）	実質信託報酬%	配分比率	期待リターン%
2017 2/27	インデックス型	0	0.11772	■先進国株式（除く日本）100.0% （2018/6/29 現在）	高

評価点数	運用成績ファンド情報	日経 URL
8	https://www.am.mufg.jp/fund/252653.html	https://www.nikkei.com/nkd/fund/?fcode=03319172

設定日	運用区分	購入時手数料%（税込）	実質信託報酬%	配分比率	期待リターン%
2013 12/10	インデックス型	0	0.11772	■ 先進国株式（除く日本）99.9% ■ 短期金融資産 0.1% （2018/7/31 現在）	高

評価点数	運用成績ファンド情報	日経 URL
7	https://www.nam.co.jp/fundinfo/ngkif/main.html	https://www.nikkei.com/nkd/fund/?fcode=2931113C

インデックスファンドの部

NO	ファンド名称（※1）	運用会社	系列	業態	純資産（億円）	シャープレシオ
20	たわらノーロード 日経225	アセットマネジメントOne㈱	みずほFG系	銀行	111	-0.47

純資産評価	シャープレシオ評価	設定日評価	購入手数料評価	信託報酬評価	運用区分
2	2	1	2	1	0

NO	ファンド名称（※1）	運用会社	系列	業態	純資産（億円）	シャープレシオ
129	eMAXIS Slim 先進国株式インデックス	三菱UFJ国際投信㈱	三菱UFJFG系	銀行	291	-0.54

純資産評価	シャープレシオ評価	設定日評価	購入手数料評価	信託報酬評価	運用区分
2	2	1	2	1	0

NO	ファンド名称（※1）	運用会社	系列	業態	純資産（億円）	シャープレシオ
55	〈購入・換金手数料なし〉ニッセイ外国株式インデックスファンド	ニッセイアセットマネジメント㈱	日本生命系	生保	1005	-0.55

純資産評価	シャープレシオ評価	設定日評価	購入手数料評価	信託報酬評価	運用区分
2	1	1	2	1	0

設定日	運用区分	購入時手数料%（税込）	実質信託報酬%	配分比率	期待リターン%
2016 9/8	インデックス型	0	0.3672	■ 新興国株式 86.69% ■ 先進国株式（除く日本）11.41% ■ 外国 REIT 0.3% ■ 分類不可 1.6% （2018/5/31 現在）	高

評価点数	運用成績ファンド情報	日経 URL
5	https://www.daiwa-am.co.jp/ifree/funds/nisa_funds.html	https://www.nikkei.com/nkd/fund/?fcode=0431R169

設定日	運用区分	購入時手数料%（税込）	実質信託報酬%	配分比率	期待リターン%
2016 9/8	アクティブ型	0	0.2376	■新興国株式 12.98% ■先進国株式（除く日本）2.61% ■国内株式 12.45% ■国内 REIT12.06% ■新興国債券 11.91% ■外国 REIT11.86% ■国内債券 11.76% ■先進国債券（除く日本）11.62% ■短期金融資産 2.75% （2018/9/28 現在）	中

評価点数	運用成績ファンド情報	日経 URL
7	https://www.daiwa-am.co.jp/ifree/funds/nisa_funds.html	https://www.nikkei.com/nkd/fund/?fcode=0431X169

NO	ファンド名称（※1）	運用会社	系列	業態	純資産（億円）	シャープレシオ
26	iFree 新興国株式インデックス	大和証券投資信託委託㈱	大和系	証券	20	-0.64

純資産評価	シャープレシオ評価	設定日評価	購入手数料評価	信託報酬評価	運用区分
1	1	1	2	0	0

NO	ファンド名称（※1）	運用会社	系列	業態	純資産（億円）	シャープレシオ
29	iFree 8資産バランス	大和証券投資信託委託㈱	大和系	証券	110	-0.59

純資産評価	シャープレシオ評価	設定日評価	購入手数料評価	信託報酬評価	運用区分
2	1	1	2	0	1

	設定日	運用区分	購入時手数料%（税込）	実質信託報酬%	配分比率	期待リターン%
	2001 7/11	インデックス型	ー	0.1944	■ 国内株式 100.0%（2018/7/31 現在）	中

	評価点数	運用成績 ファンド情報	日経 URL
	6	https://www.daiwa-am.co.jp/etf/funds/detail/5841/detail_top.html	https://www.nikkei.com/nkd/fund/?fcode=04315017

ふぅ　完成したぁ。プロの方々は本当に素晴らしい。お見事です。後は、この選ばれた宝リストの中から自分にあったものを選べば良いだけですね。

実質月3万円で強制解約さえしなければ、最低でも1、000万円になることが分かったし、実際のシミュレーションを出してもらって私の将来が少し見えた気がするから、本当に安心凄く嬉しいです。つみたてNISAじゃなくて普通のNISAもあるということも学べたし、自由に個別の株を選んでいくというのも喜びとなっていくかも。

ついこの間まで株で負けたことが凄く痛手で傷心だった私はこの宝マップが完成したときすっかりその傷も癒えてまた明日から株に対しても明るい見通しで

ETFの部

NO	ファンド名称（※1）	運用会社	系列	業態	純資産（億円）	シャープレシオ
2	ダイワ上場投信－トピックス	大和証券投資信託委託㈱	大和系	証券	38628	-0.86

純資産評価	シャープレシオ評価	設定日評価	購入手数料評価	信託報酬評価	運用区分
2	0	2	0	2	0

勉強していこうという気持ちに変わっていることに気がつきました。

つみたてNISAだけだとファンドしか買えないけれど、個別の株も取り入れるともっとうまわしがきくとアドバイスも受けたし。せっかくここまで頑張ったのに、つみたてNISAで放ったらかしにしてしまったら楽ではあるけれど、1年後くらいには今日のことも忘れてしまいそうだからやっぱりお勉強も積み上げだと思って引き続き継続させていこうと思いました。

その後すっかりつみたてNISAについては自分の中で落とし込めた頃半年ぶりに私の人生を変えたあの自由を手にしている女性に再会しました。その後会社を辞めたことそして資産形成を勉強して少し投資を始めたこと。

1、000万円の資産を作れてその先の1億円までみえてきたことなどを話してみました。

すると

「知り合いの凄い人が社長さんやる人を探しているから紹介します」と言われました。

「しゃ、社長?」

「はい。ちょうど30代の女性を探していたの。」

「何の社長ですか?」

「うん。凄く良い仕事。世界平和と社会貢献になる仕事。詳しい話は会って聞いてみてください。あなたのステージを上げるもの凄いチャンスになると思うから…。」

結局その話は半年後くらいからスタートする事業で私の求めていた恵まれない子供達を支援できる活動に役立つものでした。

もしかしたら私はお仕事で世界を飛び回れることになるかもしれません。

あまりお金に執着をしない生活をしているからこそ少額から確実に貯金のように資産形成

してもらえるこの仕組み感謝して。私には必要だなと心から思いました。

そうじゃないとあったらあっただけお金を使ってしまいそうだから。


将来たくさんお金を流通させることができたらその一部は恵まれない子供達や高齢者の人の助けになるように使っていけたらと思います。そんなに自分には力なんてないけれどたった10円あれば恵まれない子供達の命をその日2人救うことができるそうです。

100人救うのに、500円でいいんです。

1日に3、000人以上の子供達がなくなっている村もあります。そうしたら1万5千円でその命を救うことができます。

微力でも、意識を向けられたら寄付できる金額です。

そういう人が増えたらもっと救われる人が増えますね？


想定ベンチマークリターン、超過収益ポテンシャル、リスクコントロール、他社の評価など、更に詳細を知りたい方はこちらからご覧ください。

❺・月2万円　1、000万円資産構築

実際のシミュレーションもシェアします。

私もいくつかのパターンでシミュレーションしてみましたが間違えがあると怖いのでこちらは、金融庁のサイトにある試算表よりシェア致します。

つみたてNISA運用資産データ

プラン①　月3万円の積立で目標年利5%×20年のプラン＝約1、200万円に

プラン②　月2万円の積立で目標年利7%×20年のプラン＝約1、000万円に

プラン③　月1万円の積立で年利7%×20年のプラン＝約500万円に

プラン ① のシュミレーション

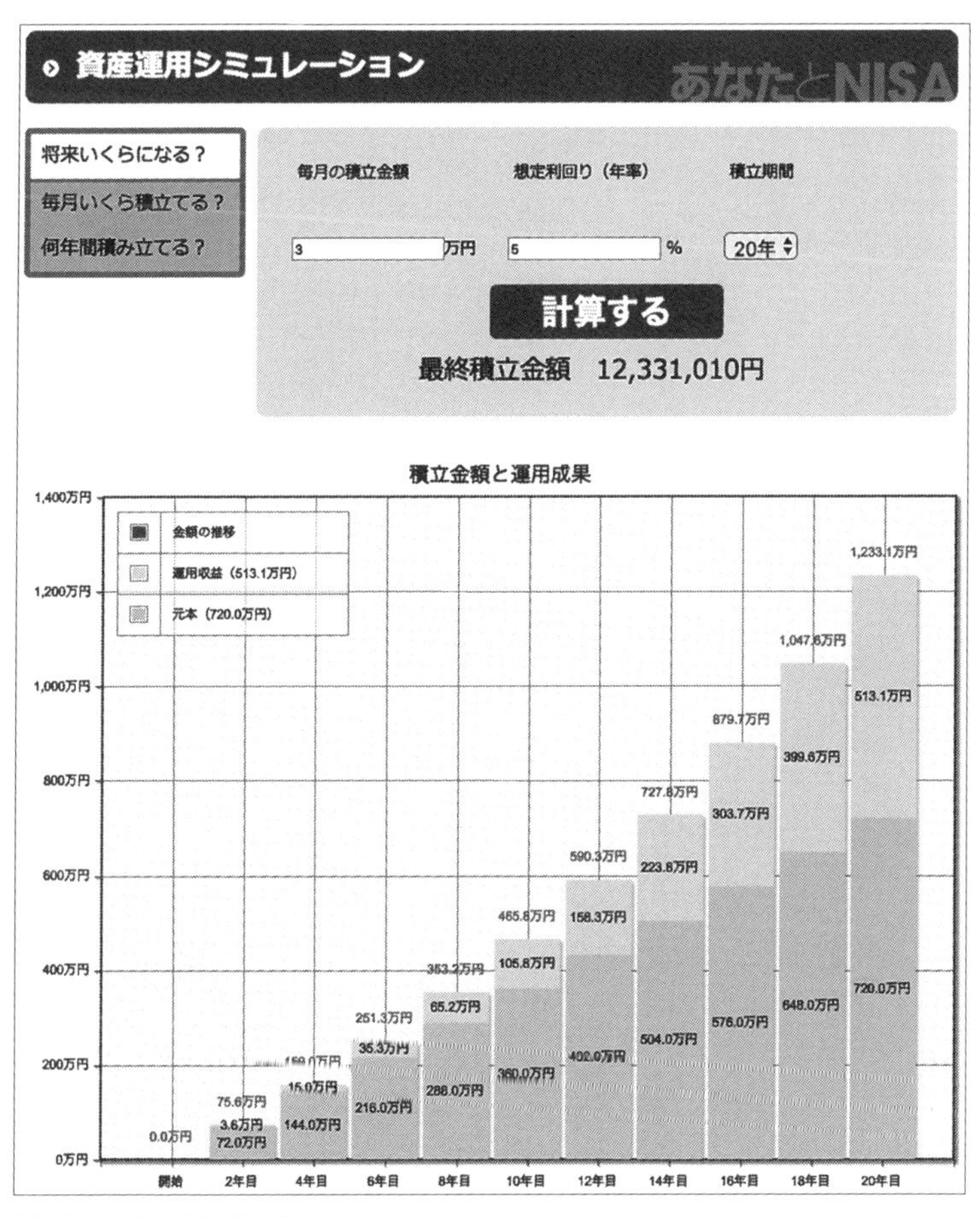

■金融庁・資産運用シュミレーション
https://www.fsa.go.jp/policy/nisa2/moneyplan_sim/index.html

プラン② のシュミレーション

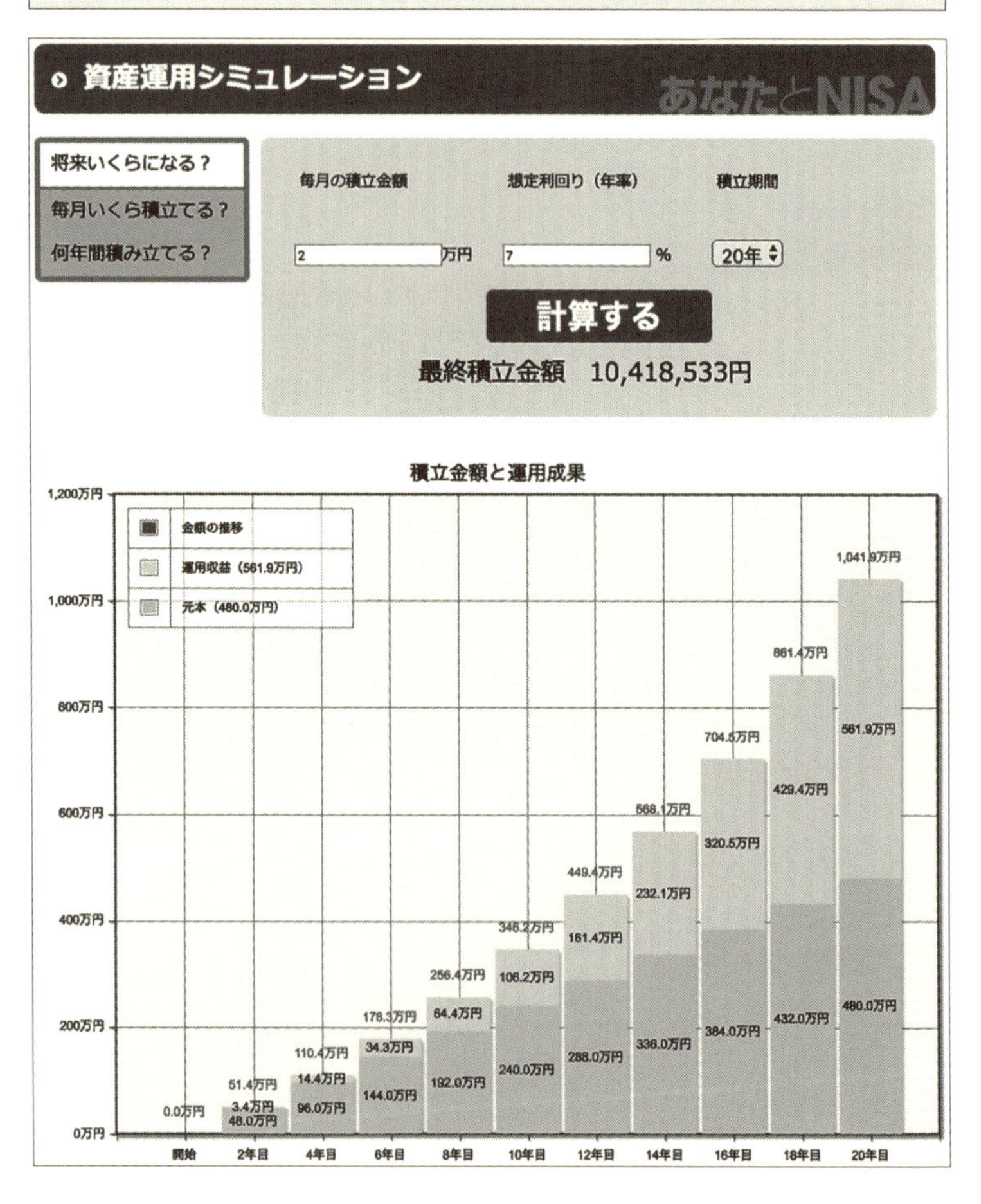

プラン ③ のシュミレーション

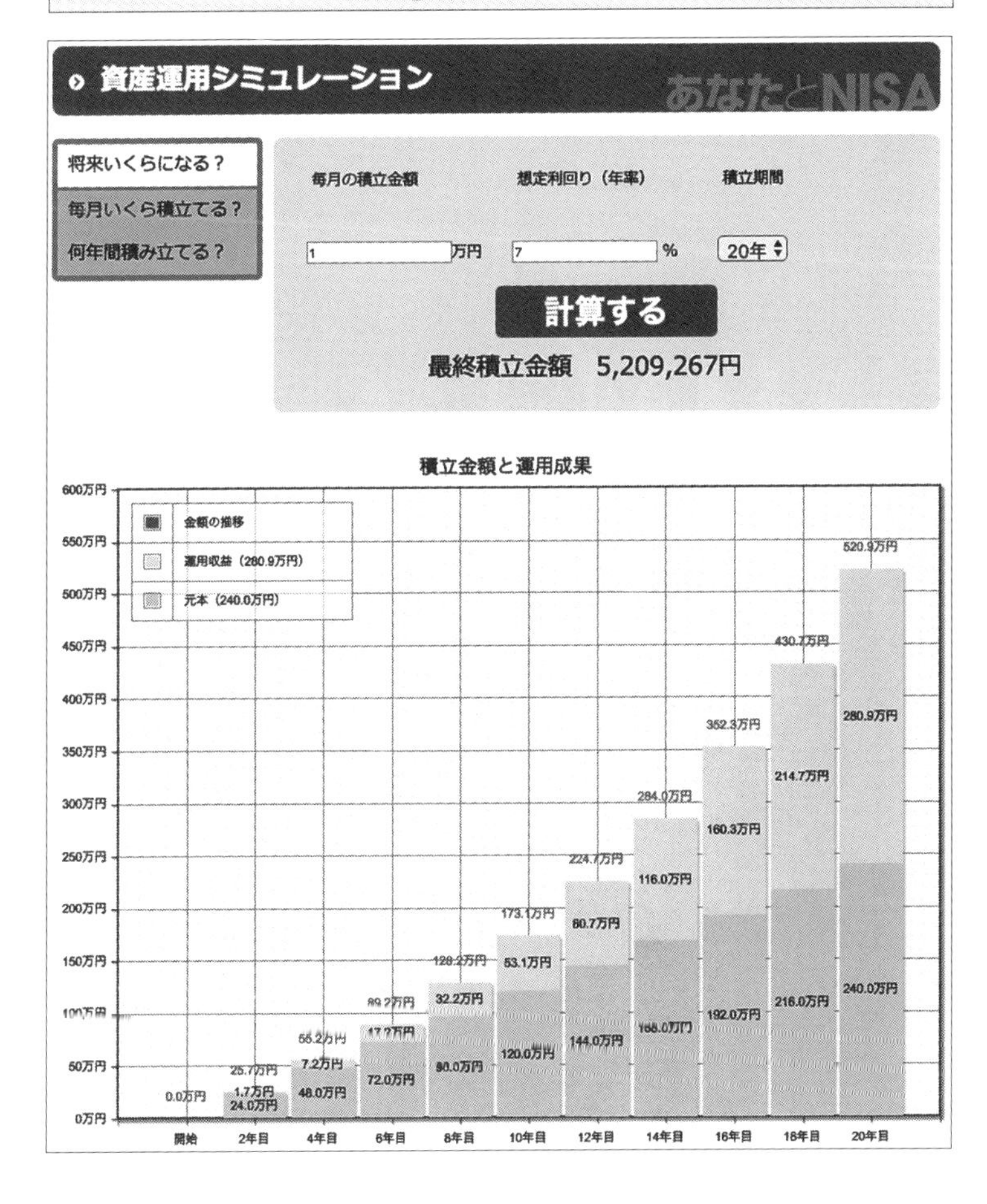

高齢夫婦無職世帯の家計収支（2017年度）

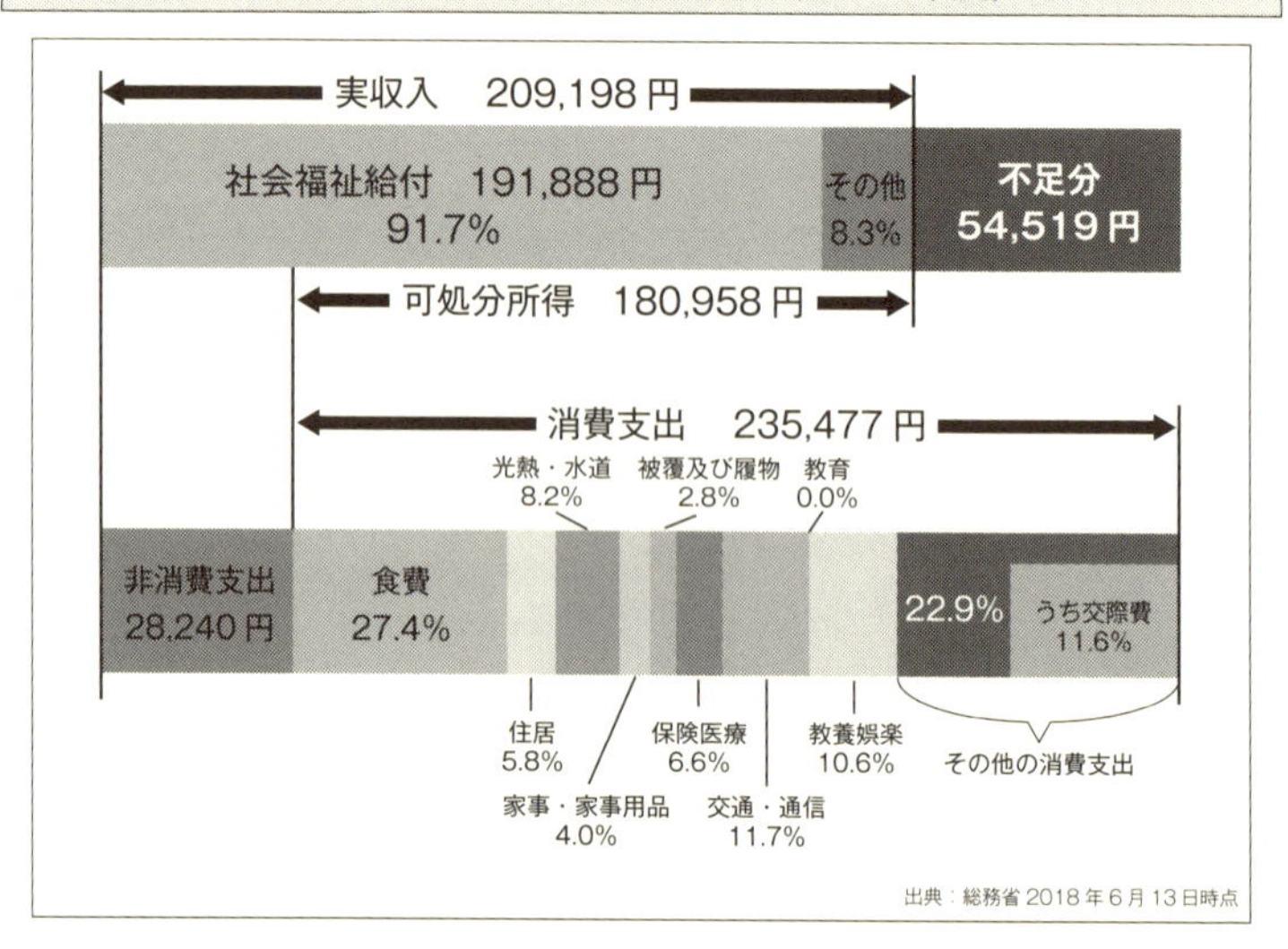

高齢単身無職世帯の家計収支（2017年度）

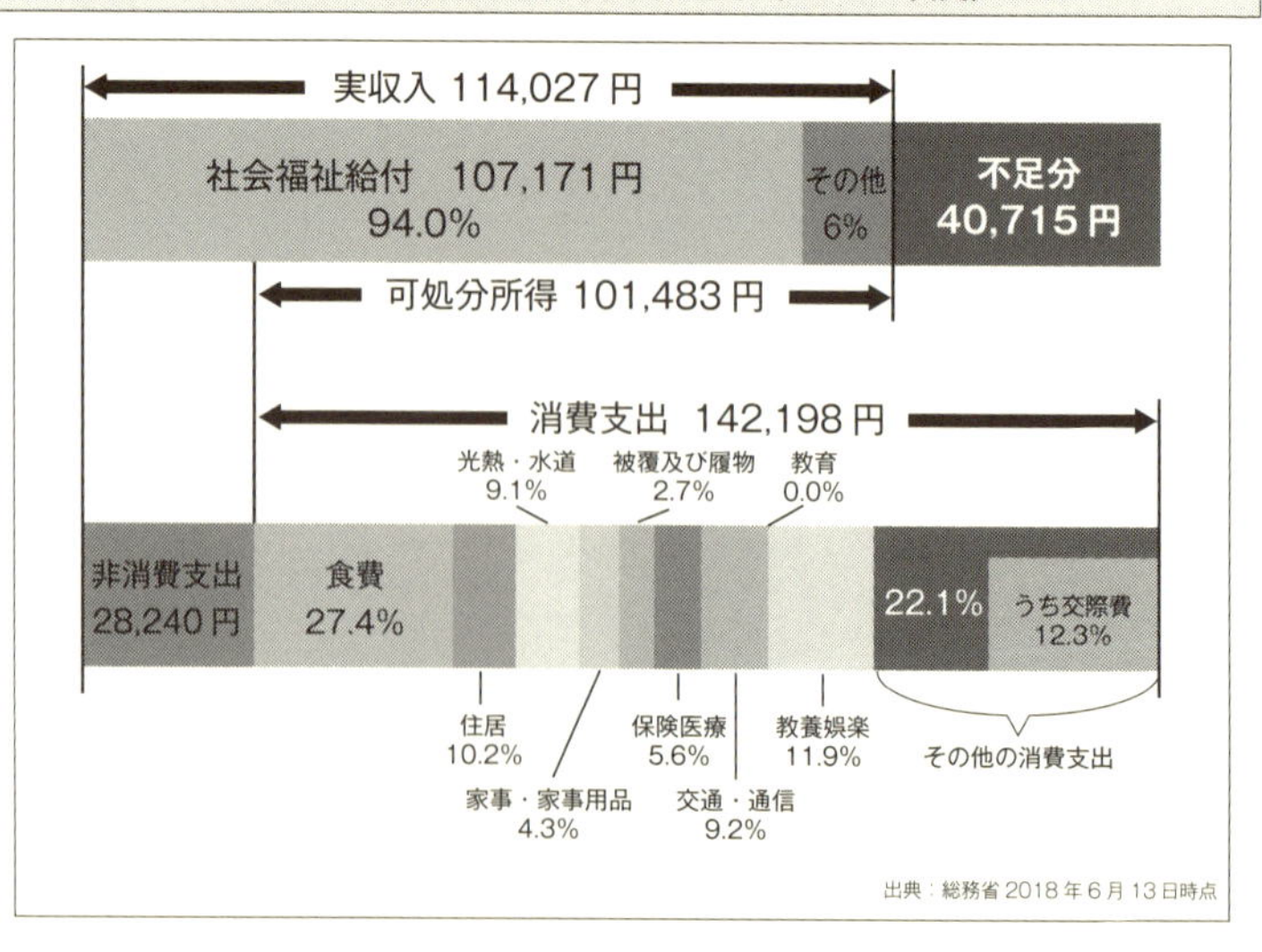

年金だけで生活していくのは厳しい

国民年金だけの人は苦しい

2018年度の年金額は前年度から据え置かれ、国民年金は満額で月額64,941円となります。

総務省発表の家計調査では、退職後の生活費は退職前の7割の資金が必要とされています。

国民年金だけでは介護が必要にならなくても、普通に老後を過ごすことさえ厳しい金額です。

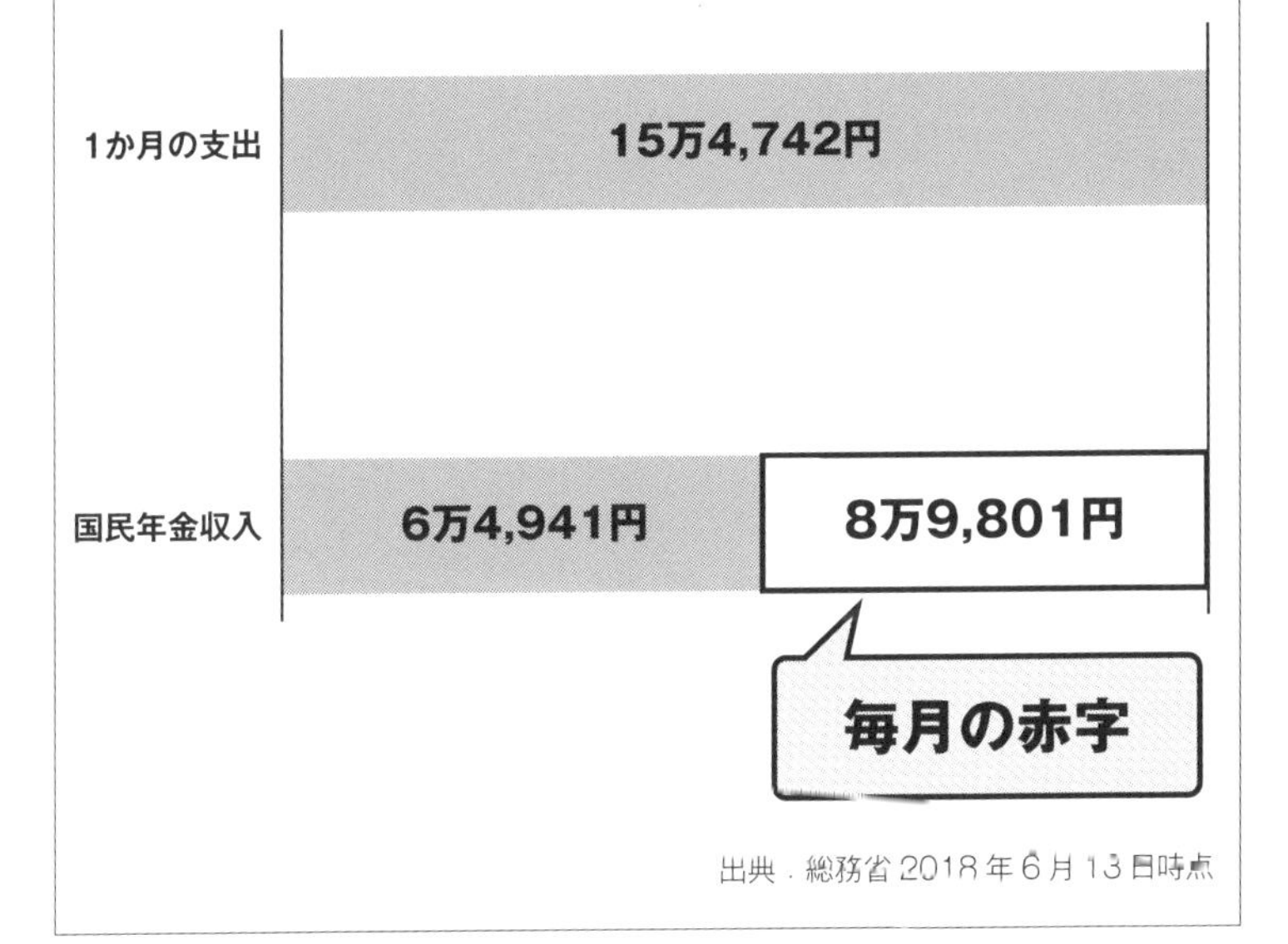

出典：総務省 2018年6月13日時点

おわりに

いかがでしたでしょうか?

あなたが老後に必要となるお金を計算してあといくら資産形成していったら良いのか?わかりましたか？　良く分からない。

細かく計算ができない。という方は総務省が発表している金額を参考にしてみてください。

時代はシステムとかAＩロボットの運用などが登場して今までは考えられなかった複利運用なども個人でできるようになりました。今後も増えていくことでしょう。

しかしどんなにそのようなお金を増やす手法があったとしても、やはり、まとまったお金がなければなかなか効率的に資産を増やすことができません。

若いうちは働けば良いですが、私のように失業してからではもう遅いです。善は急げで、少額から長期間で財を作っていければ運用に回せるお金だって作れるようになります。

今回私は1、000万円を確実に作る方法をお伝えしておりますが私の未来はミリオネアです。

つみたてNISAで作ったお金から1億円以上を作れるシミュレーションも書籍の中でご紹介致しました。

今回の情報が是非みなさんの老後の安心の1つになっていただけましたら幸いです。

2019年　2月

鶴見麻衣子

金融庁［NISA特設サイト］
https://www.fsa.go.jp/policy/nisa2/index.html

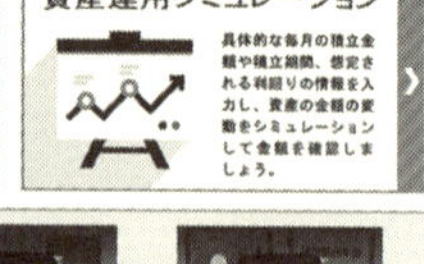

推奨閲覧環境等

ページの先頭へ

金融庁ウェブサイト利用ルール｜個人情報保護について｜リンク集｜各種情報検索サービス（EDINET等）

金融庁/Financial Services Agency, The Japanese Government

Copyright(C) 2017 金融庁 All Rights Reserved

資産運用の達人と一緒に積立NISAで資産形成はじめよう！

書籍購入者さまへ特別コンテンツ配信のご案内

《グラビアアイドルが積立NISAに挑戦中!?》

20年で目指せ1,000万円!?

日本投資機構の会員サイトにて、毎月積立日記を配信しています。
あなたもアイドルと一緒に、積立NISAで将来の財産を作っていきませんか？

@exp2218r

会員登録はLINEのQRコードからご登録ください。

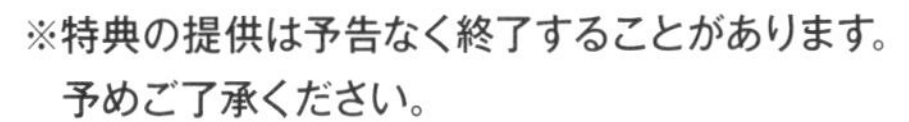
※特典の提供は予告なく終了することがあります。
予めご了承ください。

ここが違う！投資のプロが教える資産運用のポイント紹介！

①：機関投資家や運用会社経験者から直接学べる！
②：実際に、投資を実施し、その記録や結果を基に解説！
③：理解し、実践し、利益を実感できる！だから勝てる！

日本投資機構株式会社は、金融庁に「投資助言・代理業」の登録を行っている金融商品取引業者です。資産運用に関するアドバイスやサポートを、投資のプロである投資助言会社から受け取りながら、財産改正を二人三脚ではじめてみましょう！

資産運用のことなら
日本投資機構株式会社に
お任せください！

コンテンツ運営・管理
日本投資機構株式会社
関東財務局（金商）第2747号

※本特典の提供は、日本投資機構株式会社が実施しております。販売書店、取扱図書館とは関係ございません。お問い合わせは https://27470353378122.wixsite.com/mysite までお願いいたします。

〈著者〉鶴見麻衣子（つるみ・まいこ）
1981年生まれ。埼玉県出身。子供の頃からずっと運動に明け暮れ、千葉商科大学在学中には陸上部でオリンピック選考を兼ねた全国大会に出場やドイツ遠征も経験。卒業後は、アメリカから日本に上陸したフィットネスジムを0から全国に約2000店舗近く展開するスーパーバイザーとして実績全国1位になるも、『自由』な世界を手に入れている人に出会い、運命が変わる。現在、少額からでも資産形成でミリオネアになる実践をしつつ、勉強中。
Facebook：https://www.facebook.com/mai.tsurumi.148
LINE@：@fkr4161x

〈監修者〉志村暢彦（しむら・のぶひこ）
1974年生まれ。神奈川県出身。ストラテジスト。スカイキャピタルグループ代表。
大手資産運用会社において、数多くの年金基金や企業、投資信託向けに、株式のファンドマネージャー・トレーダー（為替・株式）として東京・ロンドンで活躍した後、独立。株式投資における分析は、企業の実勢や市場での期待値等を考慮し多面的に潜在力を評価。
現在は、国内外の投資銀行やヘッジファンド、公的機関等と幅広く連携しながら、富裕層向け金融アドバイスや企業向け海外進出コンサルティングを行なっている。2018年には事業デザイン協創機構を立ち上げ、力のあるベンチャー事業の発掘や魅力的な新事業の創出・拡大へのサポートにも尽力。

サルでも1000万円貯まる［つみたてNISA］

2019年2月12日　初版発行

著者　鶴見麻衣子
監修者　志村暢彦
発行者　常塚嘉明
発行所　株式会社　ぱる出版
〒160-0011　東京都新宿区若葉1-9-16
03(3353)2835―代表　03(3353)2826―FAX
03(3353)3679―編集
振替　東京　00100-3-131586
印刷・製本　中央精版印刷(株)

© 2019 Maiko Tsurumi　Printed in Japan
落丁・乱丁本は、お取り替えいたします

ISBN978-4-8272-1167-2　C0033

弊社では、投資全般に係わる相談、相場の変動予測、個別の相談等は一切しておりません。

実際の投資活動は、お客様御自身の判断に因るものです。

あしからずご了承ください。